김도경 교수가 읽어주는
우리 건축

삶과 꿈,
누정에 담다

김도경과 그를 사랑한 사람들 지음

달아실

김도경 교수가 읽어주는
우리 건축

삶과 꿈,
누정에 담다

김도경과 그를 사랑한 사람들 지음

여는 글

2016년 어느 봄날, 퇴계동의 어느 허름한 탁줏집에서 김도경 교수와 막걸리를 마시며 이런저런 이야기를 나누던 차였습니다. 김도경 교수와 저는 대학 동기였고, 그때 김도경 교수는 한국의 옛 건축물 전문가로서, 강원대학교 건축학과 교수로서, 또 강원대학교 대외협력본부장으로서 한창 바쁠 때였고, 저는 문화예술 종합 월간지 『태백』을 새로 만들기 위해 동분서주할 때였습니다.

"도경아, 이번에 새로 만들 월간 『태백』에 네 글 연재 좀 부탁하자. 그리고 부탁하는 김에 편집위원도 좀 부탁하자."

"좋아. 친구가 잡지 만든다는데, 내가 도와야지 누가 돕겠냐. 이참에 한국의 누정에 대해 제대로 한 번 알려보는 것도 좋겠다."

그렇게 해서 김도경 교수는 월간 『태백』 창간호(2016년 6월호)부터 편집위원으로 함께하였고, '건축마당_한국의 누정'이라는 코너에 글도 연재하게 되었습니다. 독자들의 반응도 무척 좋았습니다. 한국의 누각과 정자에 담긴 우리 조상들의 삶의 지혜, 우리 조상들의 건축에 대한 지혜를 새롭게 배울 수 있어서 고맙다는 내용의 독자 편지가 제법 쌓여갈 무렵이었습니다. 2016년 가을이 한창인 10월 초순, 김도경 교수에게 전화가 왔습니다.

"제영아, 11월호 원고 보냈으니까 막걸리 한잔하자."

그게 마지막 통화였습니다. 10월 11일 그가 세상을 떠났다는 황망한 부고를 받았습니다. 일주일 후 보자고 했던, 막걸리 한잔하기로 했던, 약속을 지키지 못한 채, 친구는 그렇게 황망하게 우리 곁을 떠났습니다. 친구는 그렇게 떠났지만, 월간 『태백』 연재는 1년이라도 채우고 싶었습니다. 다행히 그의 지인들께서 지면을 채워주었습니다.

월간 『태백』에 연재했던 김도경 교수와 지인들의 글을 이제 한 권의 책으로 묶습니다. 사랑하는 친구, 도경에게 생전에 졌던 빚을 조금이나마 갚게 되었습니다. 한국의 옛 건축을 사랑했던 친구의 한 생애를 한 권의 책에 온전히 담을 수는 없겠지만, 독자들께서 이 책을 통해 그의 향기를 조금이라도 느낄 수 있다면 더 바랄 게 없겠습니다.

2018년 가을
달아실출판사 편집장 박제영 두손

누각과 정자로 본
우리 건축

김도경

1. 죽서루竹西樓

彫石鐫崖寄一樓	돌 다듬고 절벽 쪼아 의지한 누각 하나
樓邊滄海海邊鷗	누각 옆 푸른 바닷가 갈매기
竹西太守誰家子	죽서 태수 누구 집 아들이기에
滿載紅粧卜夜遊	미녀들 가득 태우고 밤새워 뱃놀이 하네

　　죽서루와 그 주변의 뛰어난 풍광에 반해 정조正祖 임금이 읊은 시, 「정조
어제正祖御製」다. 정조는 당대의 유명한 화가인 김홍도金弘道에게 관동關東의
풍경을 그려 바치게 하였다. 이에 김홍도는 70폭의 그림을 그려 바쳤으며, 정
조는 이를 5권의 화첩으로 만들어 보관하였다. 이것이 『김홍도필 금강산화첩
金弘道筆 金剛山畵帖』으로 현재는 60폭만이 전해져 오고 있다. 그 속에 죽서루竹
西樓를 그린 그림이 있다. 멀리 봉황산을 배경으로 휘돌아 흐르는 오십천五十
川 변의 절벽 위에 세워진 죽서루를 비롯한 삼척객사의 풍경이 그려져 있다.

오십천 변 절벽 위에 세워진 죽서루 전경과
김홍도의 『금강산화첩』 중 「죽서루」

　　정조는 김홍도가 그린 관동의 여러 풍경 중에 이 죽서루의 풍광이 가장
마음에 들었나 보다. 그리고 그곳에 가보지 못하는 심정을 삼척부사에 빗대
어 부러워하는 마음을 이 시에 담아 표현하였다.

　　죽서루는 오십천이 내려 보이는 절벽 위에 위치하고 있다. 누 주변은 서북
쪽의 갈야산, 동남쪽의 봉황산, 남쪽의 오십천 건너 위치한 근산(해발 506.6m)
등의 산이 감싸고 있다. 그리고 멀리에는 두타산과 태백산이 있다. 오십 굽이
를 휘돌아 흘러 내려왔다고 해서 이름 붙여진 오십천은 죽서루 아래에서 크
게 휘돌아 깎아지른 절벽을 만들고 다시 그 아래 물이 머무는 곳인 응벽담凝
碧潭을 만들어 놓았다. 응벽담은 누에서 내려 보아도 물속의 바위와 자갈, 그
리고 그 속에서 노니는 물고기까지 훤히 들여다보일 정도로 맑았다고 한다.

산과 계곡, 절벽과 물이 어울린 아름다운 풍광으로 인해 죽서루는 관동 팔경의 하나로 손꼽히게 되었다. 특히 정철은 「관동별곡關東別曲」에서 죽서 루를 관동제일루關東第一樓로 칭송하였다. 죽서루에 걸려 있는 '관동제일루'라 는 현판은 숙종 37년(1711)에 이성조가 쓴 것이다. 이처럼 죽서루가 관동의 뛰 어난 풍광 중에서도 으뜸으로 손꼽혔던 이유는 조선 시대의 문인 허목許穆 (1595~1682)이 쓴 「죽서루기竹西樓記」에 잘 설명되어 있다. 그는 관동팔경 중 죽 서루가 으뜸인 이유는 다른 곳이 모두 바다에 연해 있는 데 반해 유일하게 바 다에서 떨어진 하천의 절벽 위에 산을 배경으로 위치한 아름다운 풍광을 지 니고 있기 때문이라고 하였다.

관동팔경 중에서도 으뜸가는 풍경을 지닌 죽서루에는 고려 시대부터 수 많은 시인 묵객이 몰려들어 주옥같은 시를 남겼다. 현재도 죽서루에는 숙종 과 정조의 어제시를 비롯하여 율곡 이이, 송강 정철, 『제왕운기』의 저자인 이 승휴 등의 시를 새긴 많은 현판이 걸려 있어 죽서루의 오랜 내력과 아름다움 을 전해주고 있다.

죽서루 창건과 관련하여, 고려 충렬왕 1년(1275)에 이승휴李承休(1224~1300) 선 생이 벼슬에 뜻이 없어 두타산 아래에 은거하면서 죽서루를 세웠다는 일부 인 터넷 자료는 잘못된 것이다. 죽서루가 언제 창건되었는지는 정확히 알려지지 않았지만, 고려 명종(재위 1170~1197) 때의 문인 김극기金克己가 지은 「죽서루」라는 시가 남아있어 적어도 그 이전에 창건되었음을 알 수 있다. 지금의 죽서루는 조 선 태종 3년(1403)에 삼척부사 김효손金孝孫이 옛터에 다시 중창한 것이다. 따라 서 현존하는 죽서루는 태종 3년에 지어진 것이라 할 수 있다. 그러나 중창 이후 여러 차례의 중수와 증축 등으로 인하여 중창 당시의 원형은 많이 손상되었다.

죽서루라는 이름에는 두 가지 전설이 전해져 온다. 하나는 누 동쪽에 대나무 숲이 있었고 그 속에 죽장사竹欌寺라는 절이 있었기 때문이라고 한다. 다른 하나는 역시 누 동쪽에 이름난 기생인 죽죽선녀竹竹仙女의 집이 있어서 붙여진 것이라고 한다.

지금의 죽서루는 원래 삼척의 객사客舍에 딸린 부속 건물로 지어진 누각이었다. 객사는 향궐망배向闕望拜와 중앙의 관리들이 지방에 출장을 갈 때 머물 수 있도록 지은 건물이다. 조선 시대에는 읍치邑治마다 동헌東軒과 함께 객사를 두었다. 객사에는 중심건물로 중앙에 전청殿廳이라 부르는 높고 큰 건물을 두고, 그 좌우에 높이를 약간 낮추어 방과 대청을 갖춘 익사翼舍를 나란히 배치하는 것이 일반적이었다. 전청은 임금을 뜻하는 '전패殿牌'와 궁궐을 뜻하는 '궐패闕牌'를 모시고 목민관이 초하루와 보름에 한양의 임금을 향해 절을 하는 의식, 즉 향궐망배를 행하던 공간이다. 좌우의 동익사와 서익사는 각각 문반과 무반이 머물었던 곳으로 이곳에서 임시 재판이나 군사의 사열 등을 하기도 하였다. 객사에는 이밖에도 여러 건물이 있었는데, 삼척객사에는 중심건물인 진주관眞珠館을 비롯하여 응벽헌凝碧軒(진주관의 서헌), 연근당燕謹堂(죽서루 남쪽에 위치했던 죽서루 별관), 서별당西別堂, 칠장방漆匠房, 향서당鄕序堂 등의 건물이 있었으나 현재는 모두 소실되고 죽서루만이 남아있다.

풍광 좋은 곳에 지어진 조선 시대의 객사에는 어김없이 누각이 세워졌다. 밀양객사에 부속된 영남루와 성천객사 동명관에 부속된 강선루 등이 그 대표적인 예이다. 죽서루는 이처럼 삼척객사 진주관에 부속된 누각으로 이곳에서는 관료를 중심으로 많은 연회가 베풀어졌다.

천연의 바위와 초석을 혼용하여 그 위에
세운 죽서루

　죽서루는 도리통(정면) 7칸, 양통(측면) 2칸으로 긴 장방형의 평면을 이루
고 있다. 우물마루를 깐 바닥을 중심으로 누하樓下와 누상樓上으로 나누어진 2
층의 구조를 지니고 있으며, 지붕은 팔작지붕으로 되어 있다. 누상의 마루 바
깥으로는 기둥 바깥으로 쪽마루를 두어 바닥을 확장하고 계자난간鷄子欄干을
설치하였다. 중앙부 5칸의 기둥 상부 짜임과 양쪽 끝에 위치한 기둥 상부의
짜임과 마루 구성이 큰 차이를 보인다. 이로 미루어 볼 때 원래 도리통 5칸이
었던 건물 좌우에 1칸씩 덧달아 현재의 모습을 갖추게 되었던 것으로 보인다.

바위 사이에 흙을 채워 다져 진입이 편리하게 만든
죽서루 남측면과 죽서루 주변의 바위와 용문

　무엇보다 죽서루 건축의 특징은 천연의 바위 위에 기둥을 세웠다는 점에
있다. 자연의 지형을 이용하여 바위 위에 기둥을 세우고, 바위가 없는 곳에는
별도의 초석을 설치한 다음 그 위에 기둥을 세웠다. 이에 따라 기둥의 높이가
모두 다르다. 그리고 기둥은 그 하부를 바위나 막돌초석의 윗면에 맞추어 깎
아 세웠다. 이렇게 기둥 아래를 그것이 놓일 초석이나 바위 윗면에 맞추어 깎
아내는 것을 '그렝이질'이라 부른다.

　죽서루 주변으로는 많은 바위가 산재해 있고 누각에 오르기 위해서는 어
른 키보다 높은 바위 사이를 지나야 한다. 그중 동쪽의 바위 하나에 커다란 구
멍이 있어 통로로 사용되고 있는데, '용문龍門'이라는 글이 새겨져 있다. 또한
이 바위 위에는 고대 또는 선사 시대에 새긴 것으로 보이는 성혈性穴이라는
홈구멍(민속에서는 알구멍으로도 불린다)이 있다. 여성의 성기를 상징하는 것으로
다산多産을 상징하는 민간신앙에서 비롯된 것이다.

바위들 틈을 지나 바위 위에 올라야 비로소 누각의 마루로 들어설 수 있다. 일부 바위는 누각의 마룻바닥보다 높다. 북쪽은 넓은 바위가 누각 바로 옆에 붙어 있어 바위를 타고 바로 누각으로 오를 수 있다. 그러나 반대편 남쪽은 불규칙한 형상의 바위가 누각과 일정한 거리를 두고 떨어져 있어서 누각으로 바로 진입하기 어렵게 되어 있다. 그래서 누각 아래에 축대를 쌓고 바위 사이를 흙으로 다져 메워서 진입에 편리하도록 만들었다. 자연과 건축의 만남에 있어서 자연을 그대로 활용하되 약간의 인공을 더함으로써 그 만남을 자연스럽게 만든 것이다.

누각 위에 오르면 모자라면 모자란 대로 배흘림을 둔 원기둥, 직선으로 받듯이 가공한 보 그리고 초각草刻을 한 파련대공波蓮臺工을 볼 수 있다. 누각 양쪽 끝의 1칸은 조선 후기에 덧단 부분으로 보이지만 휜 부재部材를 사용하지 않고 깔끔하게 치목治木한 부재의 모습은 임진왜란 이전 조선 전기 건축의 특성을 잘 보여준다.

죽서루 내부

한여름에도 죽서루에 오르면 시원함이 느껴진다. 조선 시대의 많은 시인 묵객도 죽서루에서는 여름에도 가을의 기운을 느낄 수 있다고 하였다. 마루를 깐 바닥과 난간의 수평선, 기둥의 수직선, 그리고 다시 창방과 보 등의 수평선이 만들어 낸 액자 사이로 자연의 풍경이 들어온다. 자연과 사람이 건물을 통해 하나로 연결된다. 건물 속에 있으나 자연 속에 있는 것이며, 건물은 사람을 품어주고 액자를 통해 자연의 풍광을 더욱 돋보이게 만든다.

우주宇宙라는 한자에는 집이라는 뜻이 담겨 있다. 우주에는 대우주와 중우주, 소우주가 있다. 대우주는 자연이고, 소우주는 소아小我, 즉 사람이며 중우주는 집을 뜻한다. 자연과 집, 사람은 셋이 아닌 하나다. 사람은 집을 통해 자연과 하나가 된다. 집 바깥에서 집을 바라보는 개념보다 집 안에서 집을 통해 자연과 하나가 되는 것을 더 중요하게 여긴 것이다. 이것이 우리의 건축관建築觀이고 건축에 담긴 사상이다.

죽서루에 올라 오십천과 절벽 아래의 응벽담을 내려다본다. 그리고 눈을 들어 그 너머 근산, 멀리 두타산과 태백산을 바라본다. 이렇게 아름다운 풍광과 함께하노라면 옛 선비들은 시구詩句가 절로 떠올랐을 것이다. 이제는 오십천 건너편의 넓고 깨끗했던 백사장은 사라진 지 오래다. 그 너머 구릉은 절개되어 평지가 되었고 콘크리트 건물이 들어섰다. 이제 상상 속에서나 시구를 떠올려야 함은 어쩔 수 없는 일인가?

2. 해운정海雲亭

정사로서의 별당別堂

조선은 유교적 이상 국가를 꿈꾸며 건국된 나라다. 조선의 건국으로 상류 계층의 생활상은 큰 변화를 겪게 되고 이에 따라 집의 구성도 많은 변화가 일 어났다. 그중에서 집의 구성에 가장 큰 영향을 끼친 것은 사대부로서의 책무 인 사대봉사四代奉祀와 부부별침夫婦別寢이었다.

경敬과 예禮를 중시하는 유교에 있어서 조상의 신위를 모시고 제사를 지 내는 것은 사대부가 반드시 지켜야 할 책무였다. 사대봉사는 고조에서 부모 에 이르는 4대조의 제사를 모시는 일이다. 이에 따라 사대부 집에서 가묘家廟, 즉 사당을 짓는 것은 의무 아닌 의무였다. 또한 남녀유별男女有別과 부부별침 에 따라 집은 남녀의 공간이 엄격히 구분되었다.

이러한 관념과 생활상의 변화에 따라 집의 공간 구성에도 많은 변화가 필 요했다. 그러나 집은 한순간에 쉽게 변할 수 없다. 집을 짓는 일에는 엄청난

재력과 시간이 필요하기 때문이다. 따라서 일단 기존의 집에 생활을 맞추어야 했다. 사당이 없는 경우에는 집 안에서 가장 넓은 공간인 대청에서 제사를 지냈고, 점차 여유가 생기면서 사당을 짓기 시작했다. 사당은 별채로 짓는 것이기에 살림살이를 하는 집의 구조에는 큰 영향을 끼치지 않는다. 그러나 남녀의 생활공간을 구분해야 하는 것은 심각한 문제였다.

기존의 집에서 남녀 생활공간을 다시 분배해야 했다. 여성들을 바깥으로 내몰 수는 없었기에 기존의 생활공간을 사용하게 하고 남성들은 집 외곽의 적당한 공간을 찾아 기거하기 시작했다. 당시 상류주택에는 사랑舍廊, 斜廊이라는 공간이 있었다. 사랑은 손님을 맞이하고, 손님이 거주하는 곳이었다. 이 공간은 집의 외곽에 위치한 부속 건물로 일단 남성들이 거주하기에 적합했다. 다만 손님의 거처로 만들어졌기 때문에 널찍하거나 번듯하지 않아 남성들은 불편을 감수할 수밖에 없었을 것이다.

조선 전기 사림士林이 대거 중앙의 정계로 진출하였는데, 관직에 있는 동안은 지방의 집에 머물지 않았으므로 남성을 위한 공간의 필요성은 그리 크지 않았다. 문제는 중앙에서 관직을 지냈던 사람들이 연로하여 관직을 그만두는 경우였다. 관직을 벗으면 고향으로 낙향하는 것이 미덕이었는데, 이때 집의 공간에 대한 문제가 발생했다. 그렇지 않아도 사랑이 좁아 불편했는데, 중앙에서 관직을 지냈던 만큼 손님도 더 많이 찾아오게 되어 사랑은 더 이상 남성들의 생활공간으로서 역할을 수행할 수 없었다. 그렇다고 멀쩡한 집을 두고 엄청난 비용을 투자하여 집을 다시 지을 수도 없었다. 그래서 마련된 대안이 별업別業이나 정사精舍, 별당別堂을 짓는 것이었다. 우리가 알고 있는 안채와 구분하여 번듯하게 지은 사랑채가 등장하기 시작한 것은 16세기 후반의 일이다.

별서別墅라고도 부르는 별업, 그리고 정사는 집과 선영先塋에서 멀지 않은 풍광 좋은 곳을 택하여 지은 건물을 말한다. 조선 중종 때 소쇄옹 양산보가 경영하였던 담양의 소쇄원瀟灑園은 당대 별업의 대표적인 예다. 선조 때 초간 권문해가 창건한 예천의 초간정은 일종의 정사에 해당하는 건물로 계곡과 절벽이 어우러진 풍경 좋은 곳에 위치하고 있다. 집에서 떨어진 곳에 짓는 별업이나 정사와는 달리 별당은 집의 한쪽에 터를 잡아 사랑채의 역할을 하도록 별채로 지은 건물을 말한다. 회재 이언적이 지은 경주의 독락당과 강릉의 오죽헌, 안동 임청각의 군자정 등이 조선 전기에 지어진 별당의 대표적인 예이다.

풍광 좋은 곳에서 자연과 함께 생활하면서 심신을 수련하고 학문을 논하며 후학을 양성하던 별업과 정사, 사랑채와는 별도로 집의 한쪽에 확장된 남성의 생활공간으로써 별당을 짓는 전통은 임진왜란 이후 소실된 집을 새로 지으면서 번듯한 사랑채를 갖추기 시작한 이후에도 지속되었다.

강릉은 오랜 역사와 문화적 전통을 지닌 영동지방의 중심 도시다. 영동지방은 서울로부터의 교통이 불편하여 고대로부터 독자적인 문화권을 형성하였으며, 태백산맥과 동해를 끼고 있을 뿐 아니라 그 사이 사이에 발달한 호수들, 즉 석호潟湖들로 인해 매우 뛰어난 경치를 자랑하고 있다. 그중에서 경포호鏡浦湖는 아름다움이 으뜸으로 배후 도시인 강릉의 역사와 문화적 전통을 배경으로 호수 주변에 경포대와 방해정, 금란정 등을 비롯해 수많은 누와 정자가 조영되어 유명한 학자와 시인 묵객이 머무는 곳이 되었다.

해운정(보물 제183호)은 경포호 주변에 위치한 수많은 정자 중 하나로 원래는 살림집에 딸린 별당으로 지어졌다. 대사헌, 공조판서, 이조판서, 의정부좌

선조 15년(1582)에 초간 권문해가 지은 예천의 초간정. 계곡을 낀 절벽 위 아름다운 풍광을 배경으로 지어졌으며, 현존 건물은 임진왜란으로 소실된 후에 다시 지은 것이다.

중종 26년(1532)에 회재 이언적이 별당 사랑채로 지은 경주의 독락당과 계정. 넓은 반석이 있는 자계紫溪의 아름다운 풍광을 배경으로 하고 있다.

참찬 등을 역임했던 어촌漁村 심언광沈彦光이 강원도관찰사로 임명되어 강릉에 머물렀던 조선 중종 25년(1530)에 지은 건물이다. 선생은 중종 33년(1538)에 삭탈관직 된 이후 1540년 사망하기까지 이곳에 머물렀다고 한다. 이후 후손이 영조 37년(1761)에 중수하였는데 건축적 모습은 어촌 선생이 지을 때의 모습을 비교적 잘 간직하고 있다. 원래의 살림집은 해운정 뒤편 언덕 너머에 있었다고 전해지고 있으나 현재 남아 있지 않다. 해운정 옆에 심상진가옥(강원도유형문화재 제79호)이 있어 해운정의 살림채 역할을 하고 있는데, 해운정보다 200년가량 늦은 17세기경에 조영되었다.

'해운海雲'이라는 집의 이름과 달리 이곳에서는 바다가 보이지 않는다. 그러나 바다처럼 넓은 경포호가 그 바다의 역할을 대신하였을 것이다. 해운정은 멀리 태백산맥과 동해를 배경으로 소나무가 병풍처럼 둘러져 있는 나지막한 언덕, 경포호가 내려다보이는 곳에 위치하고 있다. 지금은 주변에 건물들이 들어섰고 장사를 하기 위해 내건 화려한 색의 간판들로 인해 고즈넉했던 옛 운치는 오간 데 없다. 또한 일제강점기와 근·현대를 거치면서 해운정 앞을 거쳐 오죽헌까지 펼쳐졌던 호수와 늪지는 농지로 매립되었다. 더욱이 근래에는 태풍으로 해운정 뒤에 병풍처럼 펼쳐졌던 소나무 일부가 부러져 버렸다. 이렇듯 지형과 주변 환경의 변화로 더 이상 해운정과 그 주변의 아름다웠던 풍경은 찾아볼 수 없고 마음속으로나마 그 모습을 그려볼 수밖에 없게 되었다.

해운정의 아름다움은 조선 시대에 널리 알려져 있었으며, 많은 시인 묵객이 이곳을 방문하였다. 해운정 안에 가득 걸려 있는 37개나 되는 현판은 주변의 아름다운 풍광과 어우러진 해운정의 당시 위상을 대변해 주고 있다. 정면 중앙에 걸려 있는 '해운정海雲亭'이라고 쓴 현판은 우암 송시열이 썼다. 내부에

해운정 정면 전경과 해운정 내부를 가득 메운 현판들

는 중종 32년(1537) 명나라 사신으로 왔던 정사正使 공용경龔用卿이 쓴 '경호어 촌鏡湖漁村'이란 편액과 부사副使 오희맹吳希孟이 쓴 '해운소정'이란 편액이 걸려 있는데, 어촌 선생과 친분이 있던 명나라 사신 일행이 해운정을 방문했을 때 직접 화선지에 썼던 것을 제작한 것이다. 편액과 함께 공용경은 오언율시를, 오희맹은 두 절의 시를 지어 남겼다. 이밖에도 율곡 이이를 비롯하여 우암 송시열, 권진응 등이 글과 시를 남겼다. 그중 공용경은 이곳의 아름다운 풍경과 그것을 본 감회를 다음과 같이 시로 읊었다.

湖水平如鏡	호수는 거울과 같이 잔잔하고
冥冥滄海通	아득하게 푸른 바다와 통해 있구나
潮光迷岸白	물결이 만드는 빛은 호안을 하얗게 미혹하고
漁火射波紅	고깃배의 불빛이 파도에 붉게 비치네
依檻看歸鳥	난간에 기대어 돌아가는 새를 바라보고
臨磯數去鴻	물가에 나가 날아가는 기러기도 세어보네
村居原自得	시골에 머무는 것을 본래부터 즐거워하니
知是對鷗翁	아마도 늙은이는 갈매기와 짝인가 보네

해운정은 도리통(정면) 3칸, 양통(측면) 2칸으로 된 작은 규모의 건물이다. 한쪽에는 2×2칸의 넓은 대청을 두었다. 다른 한쪽에는 1칸 폭으로 온돌방을 두었는데, 앞뒤 2칸 사이에 장지를 두어 방을 두 개로 나누었다. 이는 별당 건축의 전형적인 평면으로 정자에서도 많이 채택되었던 평면이다.

대청 전면에는 2칸 모두 띠살(세살)의 사분합을 설치하였다. 네 짝 모두를 포개어 들어 열 수 있도록 한 '들어열개'라고 부르는 형식이다. 평상시에는 문과 창의 역할을 하지만 필요할 때 모두 열어 기둥만 남게 함으로써 건물 안에 있으면서도 마치 자연 속에 있는 것 같은 느낌이 들도록 한 것이다.

대청 측면과 후면에는 모두 두 짝의 여닫이창을 설치하였다. 나무로 울거미를 짠 사이를 얇은 판재로 막아 댄 형식으로 골판문 혹은 당판문이라 부르는 창호다. 오늘날에는 도구가 발달하여 합판처럼 얇은 판재를 만드는 것이 쉬운 일이다. 그러나 큰 나무를 일일이 인거(引鋸)로 켜내고 대패질하여 만들어야 했던 옛날에는 얇은 판재를 만드는 것이 여간 어려운 일이 아니었다. 따라서 골판문은 그만큼 고급스럽고 격조 높은 형식의 창호였다.

대청과 방 사이에는 한 칸에 띠살의 외여닫이문을 설치하여 대청과 방 사이를 출입할 수 있도록 하였다. 또 다른 한 칸에는 역시 띠살로 된 쌍여닫이창을 설치하였다. 이것은 아래에 머름이라 부르는 높은 턱, 즉 창턱이 있어서 사람이 출입하는 문이 아닌 창이다. 모두 실내인 대청과 방 사이에 창을 설치한 것이다. 대청 앞의 사분합을 '들어열개' 하면 대청은 외부와 하나의 공간이 되므로 외부 아닌 외부가 된다. 그래서 이곳에 창을 설치할 수 있었던 것이다. 내부와 외부의 구분이 절대적인 개념이 아닌 상대적인 개념에서 구분되기 때문이다. 즉 마당과 대청에서 마당은 외부요 대청은 내부이고, 대청과 방에서 대청은 외부요 방은 내부가 된다는 개념이다.

해운정 내부

온돌방 측면에는 두 칸 모두 외짝의 여닫이문을 두어 출입을 할 수 있도록 하였다. 온돌방 뒤의 굴뚝으로 연결되는 연도가 설치된 부분을 제외한 건물 네 면에는 쪽마루를 설치하였다. 출입을 편리하게 함과 동시에 건물 바깥에서 걸터앉을 수 있도록 하기 위한 것이다.

해운정은 독특하게 앞쪽에 3단으로 높직하게 화계花階를 만들고 그 위에 지었다. 이렇게 높직한 곳에 지은 것은 그 앞에 펼쳐진 경포 호수의 경관을 집 안에 앉아 있는 사람의 시야로 끌어들이기 위한 것이다. 이렇듯 자연의 경관을 집 안으로 끌어들이는 것을 '차경借景'이라 부른다. 그런데 이렇게 건물을 높직한 곳에 세우는 경우 건물의 높이가 낮아 보이는 현상이 벌어진다. 높이가 낮아 보이면 건물의 비례가 좋지 않게 된다. 이러한 문제로 해운정을 지은 사람은 많은 고민을 했던 것 같다. 과감하게 기둥의 높이를 높였다. 기둥의 높이를 높게 되면 창호의 비례에 문제가 발생한다. 네 짝이면 적당한 창호의 폭에 반해 그 높이가 너무 높아져 문짝의 비례가 너무 세장해진다. 그래서 창호 위에 수평으로 길게 특별한 시설을 하였다. 보통은 머름이라 하여 창턱을 만드는데 사용하는 구조를 기둥 상부를 수평으로 연결하여 만들었다. 이것을 설치함으로써 창호의 비례를 적당하게 조절하였다.

해운정과 주변 지형 단면도. 호수를 내려다보기 위해 해운정은 대지를 높게 조성하여 앉혔으나 근래에 새로 지은 솟을대문으로 원래의 의미가 퇴색되었다.

경포 호수를 바라보기 위해 높직한 곳에 건물을 지은 것은 집을 매개로 자연과 사람이 하나가 되도록 연결한 것이다. 여기에 건물의 외관까지 고려하였기에 금상첨화라 부를 만하다. 작은 건물이지만 여기에서 해운정의 건축적 묘미와 우수성을 찾아볼 수 있다.

해운정 마당 앞의 담장과 솟을대문은 근래에 들어와 새로 만든 것이다. 그런데 그 높이가 너무 높다. 지금은 논으로 변해버렸지만, 옛날처럼 경포 호수가 남아 있었다면 솟을대문으로 인해 해운정 대청에 앉아 있어도 호수를 내려다볼 수 없었을 것이다. 해운정에 담겨 있는 건축적 의미를 조금이라도 파악했다면 이렇듯 높직하게 솟을대문을 짓지는 않았을 것이다. 무조건 크고 당당한 것만 선호하는 우리에게, 해운정은 작고 소박하지만 자연과 함께 하는 정신을 다시 한번 일깨워 주고 있다.

3. 활래정 活來亭

자유분방함의 기질을 담은
대장원 大莊園의 정자

　역사와 문화의 숨결을 고이 간직한 곳, 산과 바다, 호수가 어우러진 아름다운 자연환경을 지닌 강릉의 경포호 주변에는 경포대를 비롯한 수많은 정자가 밀집해 있다. 우리나라 어느 곳에도 이렇듯 많은 정자가 밀집한 곳은 거의 찾아볼 수 없다. 그 호수를 끼고 시루봉[甑峰](해발 87m)에서 내려온 산줄기가 감싼 아늑한 곳에 선교장 船橋莊이 자리 잡고 있다.

　선교장은 조선 영조 때 충주에서 이주해 온 무경 茂卿 이내번 李乃蕃이 처음 터를 닦고 지은 집이다. 족제비를 쫓아가 찾았다고 전하는 '노서하전 老鼠下田' 형국의 명당터다. '배다리[船橋]골'이라 부르는 곳으로 집터가 뱃머리를 연상시키고 배를 타고 경포호를 건너 집에 이를 수 있기 때문에 붙여졌다고 한다. 옛날 경포호는 지금보다 훨씬 넓어 배다리골 앞을 지나 오죽헌까지 펼쳐져 있었다.

노송이 우거진 뒷산과 좌청룡, 우백호가 좌우로 뻗어 내려 감싸고 있는 아늑한 터전에 자리 잡은 선교장

　　타지에서 이주해 왔지만 이내번의 후손은 누대에 걸쳐 이곳에 살면서 '만석꾼'이라 부를 정도로 엄청난 부를 축적했다. 그 부를 바탕으로 지금의 선교장이 만들어졌다. 조선 시대 사대부의 집은 사랑채나 별당의 이름을 따라 '~당堂'으로 부르는 것이 일반적이다. 그러나 이곳은 선교장이라 하여 '장莊'이라는 이름이 붙어 있다. 엄청난 부의 축적과 직계뿐 아니라 형제와 그 자식까지 포함한 대가족이 함께 살고 수많은 정객政客과 시인 묵객이 찾아와 세상과 풍류를 논했던 곳이기에 이러한 독특한 이름이 붙여진 것으로 보인다.

지금의 선교장은 한 번에 지어진 것이 아니라 이내번의 후손들이 누대에 걸쳐 살면서 이룩하였다. 그중에 이내번의 손자인 오은鼇隱 이후李厚는 19세기 초에 선교장 건축의 초석을 닦았다. 다시 20세기 초에 들어와 이후의 증손인 경농鏡農 이근우李根宇 때 와서 현재 선교장의 모습이 완성되었다. 앞쪽에 길게 이어진 행각은 조선 시대의 다른 집에서는 찾아볼 수 없는 선교장의 독특한 모습을 형성하고 있다. 그 뒤로 사랑채인 열화당을 비롯하여 안채와 가족의 별당인 동별당과 서별당 등의 건물이 노송이 우거진 뒷산을 배경으로 높낮이를 달리하면서 자리 잡고 있다. 저택 앞쪽 배다리골로 들어가는 입구에 위치한 연못 방지方池와 활래정活來亭은 장원을 완성하는 화룡점정畵龍點睛에 해당한다.

활래정과 방지는 배다리골 왼쪽을 감싸며 흘러내린 산의 능선, 좌청룡의 머리에 그 지형의 흐름에 맞추어 위치하고 있다. 방지 안의 섬도 그 지형의 흐름과 일치한다. 방지의 물은 인근에 있는 한밭[大田]의 태장봉胎藏峰에서 끊임없이 흘러내리는 맑은 물을 끌어들였다.

半畝方塘一鑑開　　네모난 작은 연못이 거울처럼 펼쳐져
天光雲影共徘徊　　하늘빛과 구름 그림자가 함께 노니네
問渠那得淸如許　　묻노니 어찌 그같이 맑을 수 있는가?
爲有源頭活水來　　샘이 있어 맑은 물이 솟아나는 까닭이라네

주희朱熹가 지은 시「관서유감觀書有感」시구詩句의 일부다. 활래정活來亭이

라는 이름은 주희의 시구 '활수래活水來'에서 따온 것이다. 물은 정화를 상징한다. 마을 입구나 집 앞에 연못을 두는 것은 이러한 의미를 담은 것이다. 옛날 마을이나 집에서 배수되는 물을 연못을 통해 바깥으로 흘려보내는 경우가 많았다. 이때 연못은 실제로 오수를 정화하는 역할을 한다. 연못은 보통 네모난 형태로 만든다. 그래서 방지方池라 부르고 그 속에 섬을 만든다. 이것은 도가道家에서 말하는 영주瀛洲, 봉래蓬萊, 방장方丈의 삼신선산三神仙山을 상징하는 섬이다. 섬은 둥근 모양으로 만드는 것이 일반적이다. 천원지방天圓地方의 의미를 담아 네모진 연못은 땅, 그 속의 둥근 섬은 하늘을 상징한다. 연못에는 연꽃을 심고 정자를 지어 그 속에서 연못과 주변 자연을 감상하며 즐긴다. 때로는 연못에 배를 띄워 뱃놀이를 하기도 한다.

배다리골 입구, 좌청룡이 흘러내린 끝머리에 지형의 흐름에 맞추어 위치한 활래정과 방지

방지 안에는 네모난 섬을 만들고 보교를 걸었다. 섬에는 노송, 물에는 연꽃, 방지 네 모서리에는 배롱나무를 심어 운치를 더했다.

선교장 방지는 개인 집의 연못으로는 매우 큰 규모에 속한다. 실제 옛 사진을 보면 방지 안에 배가 놓여 있는 모습을 볼 수 있다. 연못 속의 섬은 둥근 형태로 만드는 일반적인 관례에서 벗어나 네모진 형태로 만들었다. 고려 중엽까지 행해져 오던 국가적 행사인 지신제地神祭를 지내던 제단인 방택方澤의 모습을 본 떠 물의 정화력을 빌리고자 한 것으로 해석하기도 한다. 섬에는 노송을 심고, 물에는 연꽃을 심어 그 운치를 더했다. 방지 네 모서리에는 배롱나무를 심어 놓아 여름철의 화사함을 더했다.

방지와 활래정은 순조 16년(1816)에 선교장의 3대 장주莊主인 오은처사 이후가 처음으로 조영하였다. 당시에 정자는 방지 안의 섬 속에 있었으며, 1칸의 작은 규모였다고 한다. 활래정이 현재의 모습으로 조영된 것은 이후의 증손 이근우 때였다. 그는 고종 43년(1906)에 방지 곁에 새로운 정자를 지었다. 그가 지은 「활래정중수기」에 따르면 활래정을 지으면서 집안에 많은 반대가 있었다. 그러나 조상님들도 변화를 원할 것이라 하여 원래의 위치와 규모를 바꾸어 완전히 새로운 모습으로 활래정을 조영하였다.

활래정은 두 채의 건물을 하나로 합쳐 놓은 것 같은 모습을 하고 있다. 전체 5칸의 건물이 'ㄱ'자형으로 하나의 건물로 연결되어 있으나 평면과 지붕의 모습은 마치 두 개의 건물을 합쳐 놓은 것 같다. 방지의 석축과 나란히 3칸의 건물을 짓고, 석축에서 연못으로 돌출시켜 2칸의 건물을 지었다. 두 건물은 꺾인 부분에서 겨우 반 칸도 되지 않는 부분이 겹쳐 있을 뿐이다. 'ㄱ'자형의 건물은 흔해도 이처럼 모서리 부분이 살짝 겹친 'ㄱ'자형의 평면은 거의 찾아볼 수 없는 드문 것이다. 매우 파격적인 평면으로 활래정만의 독특함이다.

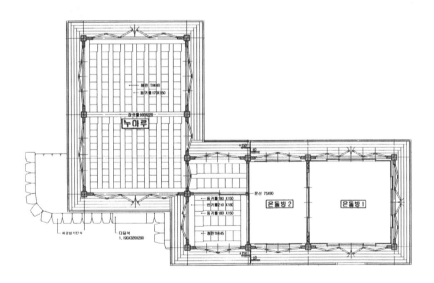

모서리가 살짝 겹친 'ㄱ'자형으로 모든 칸의 기둥 간격을 다르게 설정한 것은 활래정만의 독특함과 규범에 얽매이지 않은 자유분방한 성격을 보여준다.

사방에 분합문을 설치하고 우물천장을 들여 기교를 부린 활래정의 누마루

　3칸의 '一'자형 건물 중 2칸은 온돌방이고 나머지 1칸에는 마루를 드렸다. 2칸의 온돌방은 가운데 샛장지를 들여 나누었고 필요할 때 합쳐서 사용할 수 있도록 하였다. 1칸의 마루 부분은 미닫이를 설치해 역시 공간을 둘로 나누었다. 그중 연못 쪽 부분은 온돌방과 누마루를 연결하는 복도로 삼았다. 나머지 부분은 다실茶室이다. 다실을 별도로 꾸미는 것은 이전의 전통적인 정자에서는 볼 수 없는 시설이다. 활래정을 지은 선교장주船橋莊主 이근우는 당대의 많은 명사名士를 집으로 끌어들였을 정도로 사교성이 좋고 활달한 인물이었다. 또한 그는 당시 새롭게 전래된 외국 문물에도 관심이 많았다. 열화당 앞 차양은 당시로는 매우 낯설었던 러시아 사람들로부터 선물 받은 것이었다. 활래정의 다실은 이러한 분위기 속에서 일본의 다실 문화를 받아들인 결과로 보인다.

연못으로 돌출한 또 하나의 '一'자형 건물은 2칸 모두 마루를 깔아 누로 만들었다. 온돌방과 마루를 함께 두는 것은 사계절이 있는 우리 환경에서 일반적인 것이다. 누마루와 온돌방뿐 아니라 활래정 외부에는 모두 분합을 설치하였다. 온돌방은 뒷산과 방지로의 시야를 연결하고 방지로 돌출한 누마루에서는 방지를 세 면으로 조망할 수 있다. 건물 안 위치에 따라 사람과 집, 자연과의 관계에 변화를 주었다. 이 점이 다른 정자에서는 찾아볼 수 없는 활래정만의 독특함이다.

정자의 간살이, 즉 기둥 사이 간격에도 많은 변화를 주었다. 누마루 부분은 1칸으로 된 부분을 가장 넓은 간살이로 설정하였고, 다음으로 온돌방 부분의 1칸으로 된 부분을 넓게 설정하였다. 온돌방도 간살이를 다르게 하여 그 크기를 다르게 만들었다. 결코 크다고 할 수 없는 건물에 이처럼 간살이를 모두 다르게 설정하는 경우는 흔치 않다. 이와 함께 독특한 평면 구성과 다실의 도입, 정자 안 위치에 따른 자연과의 관계에 나타나는 변화는 모두 활래정이 지닌 자유분방한 성격을 드러낸다.

사방에는 정자 전체를 돌아가면서 나지막한 평난간을 설치한 쪽마루를 두었다. 외부에 모두 들어열개가 가능한 분합문을 설치했기에 들어열개를 할 수 있는 공간을 확보하기 위한 조치였다. 또한 방지에서 높게 솟아 있는 바닥에서의 안전성을 확보하기 위한 배려이기도 했다.

건물의 높이가 매우 높은 데 반해 겹처마로 만든 처마의 깊이가 매우 짧다는 점도 이 정자가 지닌 흥미로운 점이다. 껑충한 비례는 조선 시대의 일반적인 건물과는 큰 차이가 있다. 건물 주변에 돌린 평난간은 그 높이가 매우 낮다.

건물의 높이가 높은 데 반해 매우 짧은 처마, 세장한 문짝, 앙증맞게 낮은 난간이 이루는 껑충한 비례와 한껏 기교를 부린 난간의 형태와 누마루의 우물천장은 20세기 초반 소위 궁궐목수라는 사람들이 지은 지방 부호들의 집에 나타나는 시대적 현상이다.

높은 건물과 비교하면 앙증맞다는 느낌이 들 정도다. 분합문 한 짝 한 짝의 비례는 높이에 비해 폭이 좁아 매우 세장한 모습이다. 반면에 평난간은 살대와 하엽으로 장식하여 한껏 기교를 부렸다. 누마루 부분은 서까래를 노출시킨 연등천장으로 만드는 것이 일반적이었던 것에 반하여 우물천장을 설치하였다.

19세기 말 경복궁 중건 공사가 있었고, 이를 통해 수많은 소위 궁궐목수라는 사람들이 배출되었다. 그러나 20세기 들어와 전통 방식에 의한 국가적인 큰 공역은 사라지게 되었다. 한편 지방에 대토지를 소유한 부호들이 등장하면서 경복궁 중건 공사가 배출한 소위 궁궐목수를 초빙하여 자신들의 집을 짓는 경우가 생겨났다. 이전에는 개인 집에서 엄두도 낼 수 없는 궁궐 건축의 기법이 지방 부호들의 집에 등장하기 시작하였다. 활래정의 독특한 비례와 세부 기법은 이러한 사회적 분위기와 맞물려 나타난 현상이다.

선교장은 조선 후기의 대저택으로 수많은 정객과 시인 묵객 등 문인과 예술가들이 머물다 갔던 곳으로 유명하다. 조선 말 헌종 때부터 철종 때에 걸쳐 영의정을 지냈던 운석雲石 조인영趙寅永이 그 대표적인 인물 중 하나다. 특히 20세기에 들어와서는 서화에 능했던 이희수를 비롯하여 무정 정만조, 규원 정병조, 성당 김돈희, 해강 김규진, 일주 김진우, 백련 지운영, 농천 이병희, 성재 김태석, 차강 박기정, 성재 이시영, 몽양 여운형 등 셀 수 없을 정도로 많은 인사가 이곳에 들렀다. 선교장은 사회와 적극적으로 교류하고 신식 문물을 흡수하는 데 주저함이 없었던 이근우에 의해 수많은 명사의 교류의 장이 될 수 있었고 활래정은 선교장의 외별당으로서, 정자로서 그 교류의 중심이었다.

활래정에 걸린 많은 현판과 주련은 이러한 교류의 흔적을 보여준다. '활래정活來亭'이라고 쓴 여러 개의 현판은 성당 김돈희, 해강 김규진, 규원 정병조 등이 남긴 글씨다. 특히 온돌방으로 들어가는 부분 처마 아래에 걸린 현판은 당대의 명필인 해강 김규진이 쓴 것이다. 이진화를 비롯하여 임준상, 심동윤 등은 기문 현판을 남겼다. 기둥에 걸려 있는 주련은 농천 이병희가 쓴 것이다. 이 밖에 운석 조인영의 「활래정기活來亭記」와 활래정을 지은 장본인인 이근우가 쓴 「활래정중수기活來亭重修記」가 남아 있어 활래정의 역사를 말해주고 있다.

근대기의 명필인 해강 김규진이 쓴 현판

4. 경포대鏡浦臺

산과 바다, 호수를 아우른
관동팔경關東八景의 으뜸

북쪽으로부터 통천 총석정叢石亭, 고성 삼일포三日浦, 간성 청간정淸澗亭, 양양 낙산사洛山寺, 강릉 경포대鏡浦臺, 삼척 죽서루竹西樓, 울진 망양정望洋亭. 평해 월송정越松亭을 '관동팔경關東八景'이라 부른다. 혹자는 월송정 대신 흡곡의 시중대侍中臺를 포함시키기도 한다. 그 관동팔경 중 으뜸으로 손꼽히는 곳이 경포대다. 고려 말의 문신이자 문인인 안축安軸을 비롯한 많은 문인이 경포대를 관동팔경의 최고라 했다. 산과 바다, 그리고 호수가 어우러진 풍경이 이곳에서만 볼 수 있는 아름다움이기 때문이다.

지금도 전해지고 있는 숱한 이야기들은 경포대를 더욱 운치 있는 곳으로 만든다. 신라 때 영랑永郎, 술랑述郎, 남랑南郎, 안상安詳의 네 선인仙人이 이곳에서 노닐며 심신을 수련하였다고 한다. 여말선초麗末鮮初에 강릉에서 활동했던 기녀 홍장에 대한 이야기로, 송강의 「관동별곡」에 나오는 '홍장고사紅粧故事'의 무대이기도 하였다.

    안축과 김극기金克己, 이곡李穀, 백문보白文寶, 심언광沈彦光, 조하망曹夏望을
비롯하여 고려와 조선의 내로라하는 수많은 문인 묵객이 이곳을 찾거나 머물
며 시를 남겼다. 그들은 아름다운 자연 경관과 함께 이곳에 전해져 오는 사람
들의 이야기를 읊었다. 조선의 태조와 세조도 이곳을 유람하였고 숙종은 이
곳의 아름다움을 기리며 어제시御製詩를 지어 남기기도 하였다. 율곡 이이는
불과 10살 때 이곳의 아름다움을 읊은 「경포대부」를 지어 많은 사람의 칭송
을 받았다. 이곳의 아름다움은 글뿐이 아니라 많은 그림으로도 남겨졌다. 단
원 김홍도를 비롯하여 겸재 정선 등 많은 화가가 그린 그림은 그 옛날 시인
묵객들이 아끼고 사랑했던 경포대의 아름다움을 오늘날까지 전해주고 있다.

    선인先人들이 남긴 글과 그림을 통해, 그리고 경포의 아름다움을 대표한
다는 여덟 개의 경관으로 설정된 녹두일출綠豆日出, 죽도명월竹島明月, 강문어

단원 김홍도(1745~?)가 그린 『금강산화첩』 중의 하나인 경포대. 그림 아래의 숲이 있는 언덕 위에 경포대가 있고,
경포호와 바다, 그리고 주변의 풍경을 한눈에 볼 수 있도록 하늘에서 내려다보는 부감법俯瞰法으로 그렸다.

화江門漁火, 초당취연草堂炊煙, 홍장야우紅粧夜雨, 증봉낙조甑峰落照, 환선취적喚仙吹笛, 한송모종寒松暮鐘이라는 '경포팔경'에 얽힌 풍경과 이야기를 통해 지금은 변해버린 경포의 아름다운 모습은 물론 경포와 얽힌 사람들의 아름다운 이야기들을 상상해 볼 수 있으리라.

고려 충숙왕 13년(1326), 강원도안무사江原道按撫使 박숙朴淑이 처음으로 경포대를 지었다.[1] 박숙이 누각을 지을 때 그 이전의 건물터가 발견되었다는 기록이 있다. 박숙이 누각을 짓기 전에 이곳에 건물이 있었다는 것인데, 그것이 어떠한 건물이었는지는 전혀 확인할 수 없다. 또한 박숙이 지은 누각은 오늘날 방해정이 있는 곳의 뒷산, 인월사가 있던 곳이었다고 하며, 조선 중종 3년(1508)에 강릉부사江陵府使 한급韓汲이 지금의 자리로 누각을 옮겨지었다고 한다. 그러나 이에 대한 근거가 매우 부족하여 최근에는 원래부터 지금의 자리에 누각이 있었다고 하는 설이 우세하다.

'대臺'는 '누樓'와 달리 무엇인가를 조망할 수 있는 높은 장소를 의미한다. 옛사람들도 누각을 경포대라 부르기도 하고 그 누각이 위치한 언덕을 경포대라 부르기도 하는 등 혼란이 있었다. '대臺'의 원래 뜻을 생각할 때 경포대는 누각이 아닌 경포를 조망할 수 있는 높은 언덕을 말하는 것으로 볼 수 있으며, 그 위에 누각을 지은 다음에는 그 누각까지 포함하여 경포대라 불렀던 것이 아닌가 싶다.

경포 주변에는 해운정과 호해정, 금란정, 방해정 등 수많은 정자는 물론 선교장을 비롯한 많은 주택이 산재해 있다. 그중에 경포대는 관官에서 지은

---

1 『신증동국여지승람』 권44, 강원도江原道, 강릉대도호부江陵大都護府, 누정樓亭.

것으로 개인이 지은 정자와는 비교가 되지 않을 정도로 큰 규모를 지니고 있다. 그리고 주변에는 관에 소속된 많은 건물이 있었다. 중종 19년(1524) 3월, 강릉에 큰 불이 났는데, 주방廚房을 제외한 경포대의 관사官舍가 모두 불에 타 없어졌다고 한다. 그러나 주변의 건물들이 언제 없어졌는지는 알 수 없고 현재는 경포대만 남아 자리를 지키고 있다.

박숙이 처음으로 누각을 지은 후 경포대는 수많은 중건重建과 중수重修를 거쳐 현재에 이르고 있다. 따라서 현재의 모습이 언제 갖추어졌는지는 확실하지 않다. 영조 19년(1743)에 부사府使 조하망曹夏望이 세운 것이 현존하는 경포대라 하기도 하고 고종 10년(1873)에 부사 이직현李稷鉉이 중건한 것이 현존하는 경포대라는 설도 있다.

경포대는 건축적으로 독특한 점이 많다. 우선 산언덕 꼭대기 높은 곳에 지었다고 하는 점을 들 수 있다. 항상 사람이 거주하는 살림집과 달리 누정은 그 위치에 크게 구애를 받지 않는다. 짓고자 하는 사람의 마음에 따라 산꼭대기든 계곡이든, 전원 풍경이 있는 곳이든 자유롭게 터를 잡을 수 있다. 자연과 함께하기 위한 마음에서 비롯된 건축이기 때문이다. 넓은 경포와 그 주변의 풍경을 한눈에 조망하고 싶은 마음에 호안湖岸의 언덕 꼭대기 높은 곳에 터를 잡았을 것이다.

경포대의 평면 구성은 다른 건물에서 볼 수 없는 경포대만의 독특함을 가지고 있다. 도리통 5칸, 양통 5칸으로 도리통과 양통의 칸수가 같다. 방형에 가까운 장방형으로 양통의 칸수와 길이가 도리통에 비해 긴 편이다. 넓은 대지를 마련할 수 없는 언덕 꼭대기에 터를 잡았기 때문이다. 여기에 더해 기후

경포를 한눈에 조망하기 위해 호안에 누각을 지었다. 그래서 경포대는 경포를 내려 보는 경관상의 정면과 누각으로 오르기 위한 진입상의 정면이라는 두 개의 정면을 가지고 있다.

경포대 난간에 기대앉으면 경포와 그 주변의 풍경을 한눈에 조망할 수 있다. 옛날에는 경포대와 경포 사이에 도로가 없었고 언덕 아래가 바로 호수였을 것이다.

조건을 고려하였다. 바람이 없는 날에도 이곳에 오르면 살랑살랑 바람이 분다. 무더운 한여름이면 이곳이 더욱 좋게 여겨지는 이유다. 그러나 이 지역은 바람이 심한 날이면 사람이 서 있을 수 없을 정도로 바람이 세차게 분다. 언덕 꼭대기는 바람이 더욱 심하다. 강한 바람에 비나 눈이 심하게 건물 안으로 들이친다. 앞은 조망 때문에 열어 놓을 수밖에 없지만, 뒤에는 방풍림防風林이라도 있어야 한다.

지형상의 이유로 경포대는 두 개의 정면을 가지고 있다. 경포를 조망하는 경관상의 정면과 누각에 오르기 위한 진입상의 정면을 두었다. 그리고 이러한 특성을 이용해 양 측면 4칸에는 마루를 깔지 않고 신발을 신고 들어갈 수 있도록 만들었다. 신발이 비바람에 노출되지 않도록 하면서 누각에서 벌어지는 연회를 뒷받침할 수 있는 일종의 보조 공간으로 사용하려는 의도가 담겨 있다.

다른 누각에 비해 기둥을 낮게 세우고 마루도 낮게 설치한 것은 바람이 심한 이곳의 기후 특성을 고려한 것이다. 계자난간도 같은 이유에서 독특하게 만들었다. 계자난간은 기둥 바깥으로 돌출시켜 마루를 깔고 그 끝에 설치하는 것이 일반적이다. 기둥 바깥으로 돌출시킨 마루를 쪽마루라 부르는데, 쪽마루는 공간을 보다 넓게 확장시키는 역할을 한다. 그리고 여기에 설치한 난간에 기대면 기둥에 구애되지 않고 자연에 더 가깝게 다가설 수 있다. 그런데 경포대에는 쪽마루 없이 바로 기둥에 붙여 계자난간을 설치했다. 이 역시 바람이 심한 이곳의 환경과 연관되었을 것이다.

한때 경포대 후면과 측면에 판벽을 설치했던 때가 있었다. 이 때문에 학계는 원형에 대한 심각한 논란에 휩싸였었다. 지금은 후면의 양쪽 끝 칸에만 판벽을 친 상태로 고쳐 놓았다. 그러나 이것이 반드시 원형이라고 할 수는 없다. 바람이 심한 이곳의 기후 조건을 고려할 때 후면에 판벽을 치는 것은 얼마든지 가능한 일이다.

누각이나 정자 중에는 뒤쪽이나 측면에 판벽을 친 곳이 많다. 심리적인 편안함과 기후에 따라 통풍의 양을 조정하기 위한 조치였다. 통영 세병관洗兵館은 사방을 개방하였으나 중앙의 마루를 1단 높게 만들고 뒤쪽에는 들어열개 형식의 분합문을 설치해 필요에 따라 여닫을 수 있도록 하였다. 장대將臺라는 특수성에서 비롯된 것이겠지만 지위의 높고 낮음을 구분하기 위한 조치를 하였던 것이다.

경포대는 수많은 중수重修를 거쳐 오늘에 이르고 있다. 강릉에 부임했던 역대 부사府使들은 그 아름다운 풍경을 보고자 수많은 손님과 함께 수시로 이곳에 올랐다. 각별한 애정을 품고 있었기에 필요에 따라 많은 수리가 있었다. 어떤 부사는 사방이 터진 것을 좋아했을 것이고, 어떤 부사는 비바람과 눈보라를 걱정했을 것이다. 따라서 생각에 따라 뒤쪽에 판벽을 치기도 하고 판벽을 없애기도 하였을 것이다.

입체적인 바닥 구조는 경포대가 지닌 가장 독특한 점 중 하나다. 마루를 깔지 않고 기단과 같은 높이로 하여 신발을 신고 들어올 수 있는 부분이 있는가 하면 우물마루는 3단으로 설치하여 변화를 주었다. 기둥 배열을 보면 중앙의 3×3칸은 내부에 기둥 네 개를 생략하고 넓은 공간을 만들었다. 그리고 그 주변으로 1칸 폭의 부차적인 공간을 두었다. 이러한 평면을 내외진형 평면이라 부른다. 누각 형식의 건물 중에는 이처럼 내외진형 평면을 구성한 예가 많

경포대 측면의 툇간은 신발을 신고 들어갈 수 있는 바닥으로 되어 있다. 바람이 심한 기후 특성상 벗어둔 신발을 보호할 뿐 아니라 연회 등의 행사를 보조하기 위한 공간으로 사용되었을 것이다.

지 않다. 경복궁 경회루와 창덕궁 주합루와 같이 매우 규모가 크고 특별한 목적이 있는 경우에만 사용하는 평면 형식이다.

경포대는 지형상의 제한으로 도리통을 길게 잡기 어려웠고 바람이 심한 특성 때문에 양통을 깊게 설정하는 것이 유리했을 것이다. 또한 중앙의 3×3칸을 중심 공간으로 넓게 만든 것도 기능상의 특별한 이유가 있었을 것이다.

경포대에는 연회 때 가무를 할 수 있도록 중앙에 넓은 공간이 있다. 또한 바닥 높이에 차이를 두어 넓은 공간을 상황에 따라 적절하게 사용할 수 있도록 바닥 구조를 입체적으로 만든 것은 경포대만의 독특함이다.

　　1743년 경포대를 중수하면서 조하망이 쓴 「경포대상량문」에는 '용가연지묘경중배육영容歌筵之媌娙中排六楹'이라는 기록이 있다. 이것은 경포대 중앙의 넓은 공간은 미색美色들이 노래하는 자리라는 뜻이다. 연회 때면 이곳을 기생들이 가무를 하는 곳으로 사용하였나 보다. 그렇다면 그 뒤 1칸 폭의 공간은 무슨 용도로 사용되었을까? 현재는 뒤쪽의 1칸 폭에 내진부와 같은 높이로 마루가 깔려 있다. 혹시 지체 높은 분들이 앉아 가무를 감상하지는 않았을까? 그렇다면 이곳에는 내진부보다 1단 높게 단이 마련되어 있어야 하는 것은 아닐까?

경포를 바라보는 전면 쪽 1칸 폭은 내진부보다 바닥을 1단 높였다. 이처럼 높였기 때문에 전체적으로 낮게 만들어진 바닥과 달리 난간에 기대 경포를 조망하기에 유리하다. 그리고 다시 양쪽 끝은 바닥을 1단 더 높였다. 천장 높이가 매우 낮아 넓은 경포대에서 격리된 것 같은 매우 한정된 공간이 마련되었다. 경포대가 공적公的인 공간이라면 그 속에 사적私的인 작은 공간을 마련한 셈이다. 경포대는 공공의 성격을 지니고 있어 많은 사람이 동시에 이용할 수 있도록 큰 규모여야 하지만 때로는 개인이나 적은 수의 사람이 이용할 수도 있어야 했을 것이다. 입체적인 바닥 구조가 이러한 상황을 고려한 것이라는 생각이 결코 무리는 아닐 것이다.

독특한 구조를 지닌 경포대에 대해서는 여전히 많은 의문이 남아있다. 그러나 그 독특함에는 주변의 아름다운 경관을 품기 위한 차경의 논리로 언덕 꼭대기에 자리를 잡고, 지형과 기후 특성을 함께 고려하고, 공루公樓로서의 기능을 담으면서 이곳을 찾는 많은 사람의 사적인 이용까지 배려하고자 하는 마음이 담겨 있음이 분명하다. 그래서 경포대는 더욱 가치 있고 아름답게 다가온다.

5. 해암정海巖亭

바다를 배경으로 기암괴석이 어우러진
능파대凌波臺에 가문家門의 힘으로 지켜온 정자

    탁 트인 동해, 그 바닷가를 따라 산, 바다, 호수가 어우러진 아름다운 풍경
이 펼쳐진다. 그중에 으뜸으로 꼽는 곳이 관동팔경이다. 통천의 총석정, 고성
의 삼일포와 청간정, 양양의 낙산사, 강릉의 경포대, 삼척의 죽서루, 울진의
망양정, 평해의 월송정이 그것이다. 혹자는 월송정 대신 흡곡의 시중대를 들
기도 한다. 관동팔경은 모두 공적인 용도라는 공통점을 지닌다. 관동팔경 외
에도 동해 바닷가를 따라 수많은 절경이 펼쳐져 있다. 그중에 눈에 띄는 곳이
동해의 능파대凌波臺이다.

    능파대는 동해시 추암동 바닷가에 형성된 기암괴석과 바위 절벽을 합쳐
서 일컫는 말이다. 육지가 바다 쪽으로 살짝 돌출해 곶을 이루었다. 그 끝에
나지막한 산언덕이 솟아 있다. 육지 쪽에서 보면 평범한 산이지만 바다 쪽은
수많은 세월, 파도에 부딪혀 절벽을 이루고 있다. 그 앞 바닷속에 기암괴석들
이 솟아 있다. 그중에 바위 하나가 유난히 눈에 띈다. 바람에 금방이라도 넘어

질 듯 위태롭게 홀로 우뚝 솟아 있다. '촛대바위'다. 원래는 이렇게 우뚝 솟은 바위들이 더 있었던 것 같다. 『숙종실록』에 숙종 7년(1681) 5월 11일 강원도에 지진이 있었고, 이 지진으로 능파대 앞 바닷속에 있었던 높이 10여 장丈에 이르는 바위 중간이 부러졌다는 기록이 있다.[2]

망망대해를 바라보며 곶을 이룬 곳. 바닷가에 기암괴석들이 솟아 있다. 그 기암괴석들과 절벽을 이룬 산언덕을 합쳐 능파대라 부른다.

능파대에 홀로 위태롭게 우뚝 솟은 '촛대바위'. 해룡이 사는 '용추'가 있었다 해서 주변의 기암괴석들을 '추암'이라고도 불렀으며, 기우제를 지내는 신성한 장소가 되기도 하였다.

---

2 "江原道地震 聲如雷 墻壁頹圮 (…중략…) 三陟府西頭陀山層巖 自古稱以動石者盡崩 府東凌波臺水中十餘丈 石中折 海水若潮退之狀 平日水滿處 露出百餘步或五六十步 (…후략)" 『숙종실록』 권11, 숙종 7년(1681) 5월 11일.

옛날에는 능파대 앞 백사장에 해룡海龍이 산다고 하여 '용추龍湫'라고 불린 큰 구덩이가 있었고 주변의 바위들을 '추암湫巖'이라 불렀는데 지금은 흔히 촛대바위를 가리켜 '추암湫巖'이라 부른다. 조선 시대의 문신이었던 나은懶殷 이동표李東標(1644~1700)가 척주陟州[3]에 머물며 지은 「제사직단신문祭社稷壇神文」에 "몸소 능파대 해룡신에게 기우제를 지냈다."라는 기록이 있다.[4] 역시 조선 시대 문신이었던 간옹艮翁 이헌경李獻慶(1719~1791)이 지은 기우제 축문도 전해지고 있다.[5] 이처럼 이곳은 경치가 아름다울 뿐 아니라 해룡이 사는 신성한 곳으로 기우제를 지내는 장소기도 하였다.

촛대바위에서 서쪽으로 약간 돌아서면 바다가 육지 쪽으로 약간 돌아와 만灣을 이룬 부분이 있다. 이곳에도 기암괴석들이 연속되어 있다. 허목이 쓴 글에 의하면 이들 바위 위에는 신선의 우차牛車가 지나간 바퀴자국과 소발자국이 남아있다고 한다.[6] 원래 추암湫巖이라 불렀던 이곳은 세조 9년(1463) 한명회韓明澮가 도체찰사가 되어 동계東界를 순시하다 이곳에 올라와 보고 '능파대凌波臺'라 불렀다고 한다.[7]

삼척에서는 예로부터 능파대를 '소금강小金剛'이라 불렀고, 척주팔경陟州八景의 하나로 손꼽혔다. 허백당虛白堂 성현成俔(1439~1504)은 「능파대」라는 시에서 "神區勝境雄八垓(조선의 아름다운 경치는 세상에서 으뜸이며), 此臺亦是關東魁(이 능파대는 또한 관동에서 으뜸이다)"라 하여 능파대의 아름다움을 직설적으로 표현하였다.[8]

바다를 배경으로 솟은 바위 절벽, 기암괴석들이 펼쳐진 능파대의 절경은 조선 시대에도 많은 문인이 찾는 장소로 널리 알려져 있었다. 우암尤庵 송시열宋時烈(1607~1689)은 숙종 1년(1675)에 덕원으로 유배 가던 길에 이곳에 들러

'草合雲深逕轉斜(풀은 구름과 어울리고 좁은 길은 굽이굽이 돌아든다)'라는 글을 남기기도 하였다. 이곳의 아름다움을 읊은 수많은 시 중에서 삼연三淵 김창흡金昌翕 (1653~1722)의 「능파대」라는 시가 눈에 띈다.[9]

萬石環臺瞰碧瀾	대를 에워싼 수많은 바위 푸른 물결 삼키고
衆香餘脉落屠顔	중향산 남은 줄기 험준하게 이어졌네
鰲兒小戴雲根窄	자라가 머리에 인 듯 작은 바위 좁디좁고
傴叟孤蹲玉趾寒	늙은 신선 웅크린 듯 구슬 같은 발 차갑겠네
浪漱嵌空鐘律會	물결 부딪쳐 공중으로 솟으니 종소리 울리는 듯
藻延嶢岸蘚花斑	수초 일렁이는 높은 언덕 차조기 꽃 얼룩지네
描窮萬態須千日	온갖 형상 다 그리려면 천일도 부족한데
意短崇朝立馬看	생각이 짧아 이른 아침 말 세워 놓고 바라보네

3 척주는 지금의 삼척을 말한다. 동해시는 원래 삼척에 속해 있었으나 1980년에 묵호읍과 북평읍을 합쳐 동해시가 되면서 삼척시와 분리되었다.

4 "(전략…) 躬禱雨于凌波臺海龍之神 (…후략)" 이동표, 「祭社稷壇神文在陟州時」, 『나은집懶隱集』 권6.

5 이헌경, 「三陟凌波臺祈雨祭文」, 『간옹집艮翁集』 권14.

6 "凌波臺 在楸巖東海祠場南 海岸皆奇巖白石嵯峨 石上有車轍牛迹" 허목, 「척주기사陟州記事」, 『기언記言』 권37.

7 "凌波臺 在府東十里 海崖舊稱秋岩 有石數條立水中 其高可五六丈 其崖上可坐數十人 上黨韓明澮改名凌波臺" 『신증동국여지승람』 권44, 강원도江原道, 삼척도호부三陟都護府, 누정樓亭.

8 성현, 「능파대凌波臺」, 『허백당집虛白堂集』 권11.

9 이 시는 김창흡의 문집인 『삼연집三淵集』에 실려 있으며, 해암정 안에도 현판으로 제작되어 걸려 있다. 후인들의 마음에도 크게 다가왔는지 이민보(1720~1799)와 이주혁, 최윤정 등이 이 시를 차운次韻한 시를 지었다.

단원 김홍도가 정조 12년(1788)에 그린 능파대 ⓒ 국립중앙박물관

　　단원 김홍도는 정조의 명을 받아 관동의 풍경을 그린 60폭의 「금강사군
첩金剛四郡帖」을 남겼다. 정조 12년(1788)에 그린 그림으로 그중의 하나가 '능파
대'다. 하늘에서 내려다본 부감법俯瞰法을 써서 바다를 배경으로 기암괴석이
어우러진 풍경을 한눈에 볼 수 있도록 그렸다. 현재 능파대의 풍경과 거의 일
치하는 매우 사실적인 표현의 그림이다. 이 밖에 김홍도의 그림보다 앞서 단
릉丹陵 이윤영李胤永(1714~1759)의 그림(고려대학교박물관 소장)도 전해지고 있다.

　　능파대의 절경을 배경으로 '해암정海巖亭'이라 불리는 소박한 정자가 서
있다. 삼척 심씨의 시조 심동로沈東老가 공민왕 10년(1361)에 처음으로 지은 정
자다. 심동로는 고려 말에 중서사인中書舍人과 예의판서禮儀判書, 집현전제학集
賢殿提學 등을 역임했으며, 후일 진주군眞珠君에 봉해졌다. 그는 고려 말의 혼란
을 바로 잡으려 노력했으나 뜻을 이루지 못해 낙향했다. 공민왕이 말렸으나

능파대를 배경으로 세워진 해암정은 고려 말 삼척 심씨의 시조 심동로가 창건한 정자로 이후 여러 차례의 중건과 중수를 거쳐 현재에 이르고 있다.

그의 뜻을 꺾지 못하고, 동쪽으로 간 노인이라는 뜻의 '동로東老'라는 이름을 내리며 낙향을 허락하였다고 한다. 이때 공민왕으로부터 해암정을 하사받았다고 한다.

심동로의 창건 이후 해암정은 줄곧 삼척 심씨 후손들에 의해 중수와 중건을 거치면서 현재까지 전해져 오고 있다. 창건 이후 중건과 중수의 역사는 현재 해암정 안에 걸려 있는 중수기 등의 현판을 통해 자세한 내막을 알 수 있는데 내용을 요약하면 다음과 같다.

해암정은 고려 공민왕 10년에 심동로가 해안 절벽 위에 작은 정자로 창건하였으며, 이때 정자의 이름은 '능파대'였다. 이후 중종 25년(1530)과 정조 18년

(1794), 두 차례에 걸쳐 중건이 있었다. 특히 1794년에 중건하면서 원래 해안 절벽 위에 있었던 해암정을 현재의 위치로 옮겨지었을 가능성이 있으나 정확하지는 않다. 이후의 중수는 모두 부재部材를 교체하는 수준이었다. 따라서 현재의 해암정은 정조 18년에 지어진 것으로 이후 여러 차례의 중수를 거쳐 지금에 이르고 있는 것으로 볼 수 있다.[10]

해암정은 축대를 쌓아 주변보다 약간 높게 조성한 평지에 기암괴석들이 서 있는 바닷가를 등지고 있다. 앞쪽에는 비교적 넓은 평지가 있고 그 너머 바닷가에 현재 추암해수욕장이라 부르는 백사장이 펼쳐져 있다. 원래 해암정 서쪽 가까운 곳에 심 대감의 집터가 있었다고 한다. 옛날에는 정자 앞의 평지를 퇴평退坪, 뒤쪽에 있는 산을 휴산休山이라 불렀다고 한다.[11]

10 이 내용은 순조 14년(1814)에 후손 심진오沈鎭五가 쓴 「해암정중수기海巖亭重修記」와 1909년 역시 후손 심상룡沈相龍이 쓴 「해암정선적기海巖亭先蹟記」에 기록되어 있다. 이 두 개의 글은 현재 해암정에 현판으로 걸려 있다.권11, 숙종 7년(1681) 5월 11일.

11 "亭之西數武許 有沈監基 後曰休山 前曰退坪 居人至今誦之不歇" 심승탁, 「해암정중수기海巖亭重修記」, 1904.

12 한국건축에서는 평면도平面圖를 간가도間架圖라고 부른다. 이는 기둥과 보에 의한 가구식구조이기 때문에 붙은 명칭으로 추정된다. 정면 칸을 가架, 측면 칸을 간間으로 표기한다. 현재는 정면 몇 칸, 측면 몇 칸 등으로 부르는 것이 일반적이지만 건물에 따라서는 정면이 바뀔 수 있으므로 구조를 기준으로 정면은 대개 도리로 연결되기 때문에 도리칸, 측면은 보로 연결되기 때문에 보칸이라고 부른다. 정면 전체 길이를 표현할 때는 도리통道理通이라고 하고 측면의 전체 길이는 양통梁通이라고 한다. 방향을 구분할 때도 이를 기준으로 도리방향, 보방향이라고 한다.

13 기둥 상부에 창방과 익공을 직각으로 교차하여 얼개를 만들고 기둥머리를 올려놓아 보를 받도록 한 구조이다.

14 내부에 기둥이 없고, 종단면상 도리가 5개인 구조이다.

평면[12]은 도리통 3칸, 양통 2칸, 전체 6칸으로 내부가 하나의 공간으로 트여 있는 통칸通間형이다. 내부 전체에는 우물마루를 깔았으며, 천장은 서까래가 노출된 연등천장이다. 기단은 막돌을 약간 가공해 1단으로 쌓은 외벌대(댓돌)다. 초석은 모두 원형으로 가공하였는데, 기둥 굵기에 비해 그 크기가 매우 작다. 기둥은 모두 원기둥이며, 기둥 상부는 초익공식初翼工式 짜임[13]으로 되어 있다. 초익공은 바깥쪽을 그 끝이 아래로 뻗어 내린 수서[垂舌]형, 안쪽을 보아지[樑奉]형으로 초각하였는데, 그 형식이 매우 소박하고 투박하다. 가구는 무고주無高柱 5량가五梁架[14]로 부재들은 특별한 장식 없이 간단한 모습으로 만들었다. 지붕은 홑처마에 팔작지붕이다. 전체적으로 매우 간단하고 장식 없이 소박하여 지방 장인의 솜씨로 지은 것임을 알 수 있다.

해암정은 도리통 3칸, 양통 2칸으로 내부는 전체가 하나로 트여 있는 단순한 평면으로 사방에 창호를 달아 막았다. 기교를 부리지 않은 소박하고 단순하며, 투박하기까지 한 모습에서 지방 장인의 손길을 느낄 수 있다.

바람과 파도가 심한 날이면 바다는 무섭게 돌변한다. 바위들에 부딪힌 물보라가 해암정은 물론 그 너머까지 삼킨다.
바다를 등지게 앉히고 사방에 창호를 달아 막은 것은 이때를 대비한 것이다.

정자의 사방은 모두 문과 벽을 설치하여 막았다. 전면은 중앙의 칸, 즉 정
간에 삼분합, 양쪽 툇간에 두 짝의 여닫이문을 설치하였다. 모두 아래에 판자
로 막은 궁창부가 있는 띠살의 소박한 형식이며, 들어열개를 할 수 있도록 하
였다. 후면과 양 측면에는 아래에 창턱의 역할을 하는 머름을 설치한 위에 골
판문[15] 형식의 두 짝 여닫이창을 설치하였다.

해암정은 바닷가에 매우 가깝게 위치하고 있다. 날씨 좋은 날과 달리 바람
과 파도가 심한 날이면 바다는 무섭게 돌변한다. 뒤편 바닷가 바위들에 부딪
힌 파도들이 심한 물보라를 일으켜 해암정과 그 너머까지 삼킨다. 절경이 펼
쳐진 기암괴석과 바다를 등지게 앉히고 사방에 모두 창호를 달아 막은 이유
가 여기에 있다.

15 문짝의 틀에 널빤지를 끼워서 만든 문.

정면에는 우암 송시열이 쓴 '해암정' 현판과 함께 삼척 심씨 후손인 심지황이 전서로 쓴 '해암정' 현판이 걸려 있다. 그리고 그 옆에는 누가 썼는지 모를 '석종함石鐘檻'이라고 쓴 현판이 있다. 능파대의 바위들을 석종에 비유하여쓴 것으로 보인다. 내부에는 해암정의 역사를 말해주는 여러 개의 중수기와함께 김창흡을 비롯한 문인들이 쓴 시가 현판으로 걸려 있다.

　　해암정은 아무런 기교도 부리지 않은 소박한 모습이지만 동해안에서 손꼽는 절경을 이룬 능파대와 함께 조상의 역사와 아름다운 자연을 지키고자했던 한 가문의 정성과 노력을 엿볼 수 있다. 이제는 한 가문을 넘어 우리 모두가 보존하고 가꾸어야 할 문화이자 자연이다.

6. 주합루宙合樓

국가 경영을 위한
학문의 이상세계를 짓다

　　정조는 즉위하자마자 어제御製와 어필御筆 등을 보관할 목적으로 창덕궁 금원禁苑에 규장각奎章閣을 세운다. 왕립도서관이라 할 수 있는 건물이다. 규장각 설치의 역사는 세조 때로 거슬러 올라간다. 당시 동지중추부사同知中樞府事였던 양성지梁誠之가 어제시문御製詩文을 교감校勘하여 봉안할 건물로 규장각 설치를 건의하였으나 성사되지 않았다. 다시 숙종 때 역대 임금의 어제와 어서御書를 봉안하기 위한 시설로, 왕실과 관련한 업무를 담당하던 관아인 종부시宗簿寺에 작은 건물을 짓고 숙종이 직접 쓴 '규장각奎章閣'이라는 현판을 걸었다. 이것이 규장각의 시작이라 할 수 있으나 아직 제대로 된 격식을 갖춘 것은 아니었고 그마저도 영조 40년에 화재로 소실되었다.

　　그러던 차에 정조 때에 와서 제대로 격식을 갖춘 규장각을 짓게 된 것이다. 처음에는 건물 이름을 어제각御製閣이라 불렀으나 숙종이 쓴 '규장각'이라는 현판을 걸면서 이름을 바꾸었다. 그리고 정조가 직접 쓴 '주합루宙合樓'라는

부용정芙蓉亭에서 본 부용지와 주합루 전경. 정조 때 지은 중층 누각 형식의 건물로 아래층은 왕실 도서관을 보관하는 서고, 위층은 열람실이었다. 주합루 앞에 있는 작은 문은 어수문魚水門이라 부른다.

편액을 써서 걸었다. 중층 누각 형식의 건물로 아래층은 왕실의 도서를 보관하는 서고書庫로 규장각이라 불렀으며, 위층은 열람실로 주합루라 불렀다. 그러나 후에 규장각을 인정전 서쪽으로 옮김에 따라 건물 전체를 주합루라 부르게 된 것이다.

규장각은 '문장을 담당하는 하늘의 별인 규수奎宿가 빛나는 집'이라는 뜻이고, '주합宙合'은 말 그대로 '천지 우주와 하나로 합쳐진다'는 뜻이다. 『관자管子』의 「주합편宙合篇」, "위로는 하늘 위까지 통하고 아래로는 땅 아래까지 도달하고 밖으로는 사해四海 밖까지 나아가며 천지를 포괄하여서는 하나의 꾸러미가 되고 흩어져서는 틈이 없는 곳까지 이른다."에서 유래했다. 이덕무(1741~1793)는 『청장관전서靑莊館全書』의 「앙엽기盎葉記」에서 『관자管子』를 인

「동궐도」 중 주합루를 중심으로 한 영역. 정조 때 주합루는 서향각, 봉모당, 열고관, 개유와, 서고 등과 함께 학문과
국가 정책 수립의 중심 공간이었다.

용하여 "상하사방을 주宙라고 하는데, 육합六合이란 뜻은 여기에서 나온 것이
다."라고 하였다.[16]

    정조는 왜 선왕인 영조 임금의 상喪이 끝나기도 전에 즉위하자마자 서둘
러 규장각을 지었을까? 『정조실록』[17]과 『신증동국여지승람新增東國輿地勝覽』[18]
에 따르면 규장각에는 정조의 어진御眞과 어제, 어필, 보책寶冊, 인장을 봉안하
였다고 한다. 그리고 규장각 서남쪽에는 봉모당奉謨堂을 두어 역대 임금들의
어제와 어필, 어화, 고명顧命, 유고遺誥, 밀교密敎 등을 봉안하였다. 남쪽에는 2
층으로 된 열고관閱古觀과 개유와皆有窩가 있어서 중국본 도서와 문적文籍을 보
관하였고, 서북쪽에는 서고西庫를 두어 우리나라 본本 도서와 문적을 보관하
였다. 서쪽에는 현재의 서향각書香閣인 이안각移安閣을 두어 어진과 어제, 어필
을 포쇄曝曬[19]하는 곳으로 삼았다고 한다. 이 일대가 각종 문적을 보관하는 건
축군을 형성하고 있었던 것이다. 현재는 그중 일부 건물이 소실되었지만 「동
궐도東闕圖」[20]에 이들 건물이 모두 그려져 있어 그 배치와 형태를 알 수 있다.

국가 정책의 수립에 있어서 선례先例를 중요하게 여겼던 조선 시대에 고금古今의 도서와 문적文籍, 특히 역대 임금들과 관련한 문서를 보관하는 것은 매우 중요한 일이었다. 불우하고 불안했던 세손과 세자 시절을 오래 지냈던 정조는 학문적 소양의 깊이를 더해가면서 나름의 왕도정치王道政治를 실현하고자 하는 꿈을 가지고 있었을 것이다. 오랫동안의 꿈과 계획을 바탕으로 정조는 임금이 되자마자 그 실천을 위한 중심 공간으로 가장 먼저 규장각을 세웠던 것으로 보인다. 이후 규장각은 정조 직속의 젊은 학자들을 중심으로 학문을 탐구하며 국가 경영을 위한 정책 수립의 산실 역할을 하였다.

창덕궁 후원은 북악北岳의 줄기가 뻗어 내려 형성한 능선과 골짜기 사이사이에 서로 성격이 다른 영역들을 형성하고 있다. 주합루는 그중에서 가장 앞쪽 골짜기에 있다. 그 골짜기 가운데 부용지芙蓉池라 부르는 방지方池가 있다. 방지 남쪽에는 부용정芙蓉亭이 있고 동쪽에는 영화당暎花堂이 있다. 영화당 동쪽으로 춘당대春塘臺라 부르는 넓은 마당이 있는데[21], 임금 앞에서 선비들이 시험을 치르고 군사를 사열하던 곳이다. 영화당은 이때 임금이 납시던 건물이다.

---

16 문화재청,『궁궐의 현판과 주련2 — 창덕궁·창경궁』, 수류산방, 2007, 144~145쪽.

17 『정조실록』 권2, 즉위년(1776) 9월 25일.

18 『신증동국여지승람』 권2, 동국여지비고 권1, 경도京都.

19 햇볕을 쬐여 말리는 행위를 말한다.

20 「동궐도」(국보 제249호)는 현재 고려대학교박물관과 동아대학교박물관에 각 한 점씩 두 점이 전해지고 있다.

21 춘당대와 영화당은 창경궁에 속해 있는 것으로 기록되어 있다. 원래 후원 영역은 창덕궁과 창경궁의 구분이 없었다. 그러나 현재는 영화당과 춘당대 동쪽으로 담장이 있어서 후원 영역이 창경궁과 구분되어 있다.

주합루의 정문인 어수문은 물고기와 물의 관계처럼 임금과 신하의 관계가 긴밀함을 일컫는 말에서 따온 것으로 임금이 통행하는 중앙의 큰 문과 신하들이 통행하는 좌우의 작은 문으로 이루어져 있다.

주합루는 부용지 북쪽 언덕을 이용하여 잘 다듬은 길고 큰 장대석長大石을 여러 단 쌓아 만든 화계 위 높은 곳에 자리 잡고 있다. 화계가 시작되는 앞쪽에 어수문魚水門이라는 문을 세웠다. 규모는 작지만 다포형식多包形式으로 매우 정성스럽게 치장한 건물이다. 임금이 다니는 중앙의 큰 문과 신하들이 다니는 좌우의 작은 문으로 이루어져 있다. 문 좌우에는 취병翠屛이라 부르는 생울타리를 만들어 경계를 이루도록 하였다.

'어수魚水'는 '수어水魚'라고도 한다. 유비劉備가 자신과 제갈량諸葛亮의 관계를 물고기와 물에 비유한 『삼국지三國志』에서 유래한 말이다[22]. 즉 임금과 신하가 물고기와 물처럼 서로 불가분의 관계에 있음을 일컫는 말이다. 주합루가 있는 언덕 너머에 어수당魚水堂이 있었는데, 혹자는 정조 이전 언젠가 어수당을 지을 때 어수문도 함께 세웠을 것으로 추정하고 있다. 그러나 어수문과 어수당 사이에 언덕이 위치하고 있는 것으로 보아 어수문을 어수당과 연결시

주합루 측면. 이익공식 팔작지붕으로 이루어진 주합루는 전체적인 건축 구성에서 세부적인 수법에 이르기까지 궁궐 건축의 수법을 충실히 따르고 있다.

키는 것은 적절해 보이지 않는다. 따라서 어수문은 주합루의 정문으로서 정조 때 만들어진 것으로 봄이 더욱 타당해 보인다. 비교적 작은 부재를 이용해 아기자기하게 치장한 모습이 정조 때 지은 주합루 및 부용정과 일맥상통하고 있다는 점도 어수문이 정조 때 지었다는 가능성을 높여준다.

주합루는 도리통 5칸, 양통 4칸의 중층 누각이다. 기둥 상부의 짜임은 이익공식二翼工式[23]이며, 팔작지붕, 겹처마의 구성이다. 기단은 장대석을 4단 쌓아 만든 네벌대이며, 화강석으로 네모지게 잘 다듬은 초석 위에 기둥을 세웠다. 기둥은 아래위층을 하나의 부재로 관통시켰다. 지붕마루는 '양상도회樑上塗灰'라 하여 회를 발라 마감하였고, 용두와 잡상 등으로 장식하였다. 전체적

---

22 문화재청,『궁궐의 현판과 주련 2 ─ 창덕궁·창경궁』, 수류산방, 2007, 148쪽

23 기둥 상부에 초익공과 창방을 직각으로 결구한 위에 주두를 올려놓고 다시 이익공과 행공을 직각으로 결구하여 보와 도리를 받도록 한 구조방식이다. (김도경,『지혜로 지은 집, 한국건축』, 현암사, 2011)

주합루는 아래층을 서고로 이용하기 위해 마루와 온돌을 들이고 창호를 설치하여 막았다. 특히 온돌을 들인 것은 이곳에 봉안한 어진과 어제를 비롯한 문적들이 습기에 손상되지 않도록 하기 위함이었다.

인 건축 구성에서 세부 수법에 이르기까지 궁궐 건축의 수법을 잘 반영하고 있는 건물이다.

주합루의 가장 큰 특징은 그 공간의 구성에 있다. 아래층은 가운데 3×2칸을 감싸는 창호를 설치해 내외로 구획하였다. 그 바깥의 사방 1칸 폭에는 모두 마루를 깔았으며, 후면 양쪽 모서리에 상층으로 오르내리는 계단을 설치하였다. 내부는 가운데 칸에만 마루를 깔고 좌우 칸에는 온돌을 들였다. 위층은 전체에 마루를 깔았는데, 가운데 3×2칸은 창호를 설치해 내외로 구획하였다. 창호를 설치하여 내외를 구획하였을 뿐 아니라 아래층에 마루와 온돌을 들인 것은 다른 누각에서는 찾아볼 수 없는 주합루만의 독특함이다.

『정조실록正祖實錄』에 규장각은 '상루하헌上樓下軒'이라 하였다. 위층은 누각이고 아래층은 '헌軒'이라는 말이다. '헌'은 자전적인 의미로 집이나 처마, 난간, 창, 행랑 등의 여러 가지 뜻을 가지고 있다. 누각은 아래층을 비워 두는 게

일반적인 데 반해 마루와 온돌을 깔고 창호로 구획하였기 때문에 '헌'이라는 표현을 쓴 것으로 보인다. 따라서 현재 주합루의 모습은 정조 때 창건 당시의 모습을 온전하게 유지하고 있다고 할 수 있다.

아래층에 마루와 온돌을 깔고 창호를 설치한 것은 이곳을 서고로 이용하기 위함이었다. 특히 내부에 온돌을 들인 것은 습기를 제거하여 어진을 비롯한 문적들을 보호하기 위한 배려였다. 그리고 위층에 창호를 들인 것은 눈비가 오거나 추운 날에도 책을 열람할 수 있도록 하기 위함이었을 것이다.

주합루를 왜 언덕 꼭대기 높은 곳에 세웠을까? 누각이나 정자는 그 위치를 잡는 것이 매우 자유롭다. 그리고 주변의 자연풍광을 건물 안으로 끌어들이는 것이 일반적이다. 건물 속에 앉아 주변의 자연풍광을 감상하면서 자연

주합루에서 내다본 모습. 주합루를 언덕 위 높은 곳에 지은 것은 차경의 개념을 넘어서 현실 속에 이상세계로서 구름 위의 집을 구현하고자 하는 뜻이 담겨져 있다.

부용지 석축의 물고기를 새긴 장대석에서 임금과 신하의 긴밀한 관계를 넘어 국가 경영을 위한 학문의 이상세계를 구현하고자 하는 뜻을 엿볼 수 있다. 또한 주합루 정면 계단 좌우의 소맷돌에 새긴 구름은 주합루를 구름 위의 집으로 설정하였음을 의미한다.

과 함께하고자 하는 자연관과 건축관의 발로이다. 이처럼 주변의 자연 경관을 건물 속에 앉아 있는 사람의 시야로 끌어들이는 것을 '차경'이라 부른다. 그런데 주합루를 높은 곳에 지은 것에는 차경의 개념을 넘어선 뜻이 담겨져 있는 것 같다.

'주합'과 '어수'의 말뜻, 그리고 주합루와 어수문의 건축 구성과 주변의 시설에서 그 의미를 찾아볼 수 있다. 주합루 앞 부용지 석축 한 쪽에 물고기를 조각한 장대석 하나가 놓여 있다. 이것을 어수문의 '어수'라는 말뜻과 관련시킬 수 있지만 또 다른 뜻으로도 해석할 수 있다. 어수문 좌우의 신하가 드나드는 문은 몸을 굽히지 않고는 드나들 수 없을 정도로 작게 만들었다. 물론 주합루가 어진을 봉안한 건물로 신하들로 하여금 그 경의의 뜻으로 몸을 낮추도록 하기 위한 것일 수도 있다. 그러나 궁궐의 다른 어떤 건물을 보아도 그러한 예는 없다.

어수문과 주합루 앞 계단의 소맷돌에 구름무늬를 새겼다. 구름에는 그 위가 하늘이라는 특별한 의미가 부여된다. 소맷돌에 구름을 새긴 것은 주합루를 구름 위의 집, 즉 '운상각雲上閣'으로 설정한 것이다. 여기에서 등용문登龍門과 어변성룡魚變成龍의 고사故事가 떠오른다. 임금과 신하의 관계, 그리고 그 관계를 학문으로 연결하여 왕도정치를 실현하고자 하는 이중의 코드code가 숨겨져 있다. 그리고 '천지 우주가 하나로 합쳐진다'는 '주합'은 그 결과로서의 이상세계를 의미한다.

주합루를 비롯한 주변의 공간은 조선 시대 후기, 특히 정조 때 옛 제도와 국가 경영을 위한 정책을 연구하는 학문의 중심 공간이었다. 부용지와 물고기를 새긴 돌, 어수문과 그 옆에 좁게 만든 문, 구름을 새긴 소맷돌, 그리고 높직한 언덕 위에 지은 주합루는 정조가 학문을 바탕으로 임금과 신하의 긴밀한 관계 속에서 실현하고 싶은 이상세계를 현실 속에 상징적으로 구현한 것으로 볼 수 있다. 그리고 주합루는 그 이상세계를 구현하는 화룡점정이었다.

둘

그를 사랑한
사람들

신지용 · 이경미 · 신치후 · 이연노 · 정정남

7. 낙선재樂善齋 상량정上凉亭

길상무늬 가득한 신비로움을 품은 곳

신지용

한옥과문화 대표이사

낙선재 전경

상량정上凉亭이 속한 낙선재樂善齋는 창덕궁과 창경궁 경계에 있으며, 낙선재 우측으로 석복헌錫福軒과 수강재壽康齋가 연이어 있는데 이를 통틀어 낙선재라고 부른다. 이들 전각 뒤편에는 화초·석물·꽃담·굴뚝 등으로 가꾸어진 아름다운 화계가 있고, 꽃담 너머로 상량정·한정당·취운정이 있다. 『궁궐지』[1]에는 창경궁에 속한 건물로 기록되어 있으나 현재는 창덕궁 권역에 속한다.

낙선재는 궁궐 내 전각이지만 창덕궁 후원의 연경당과 함께 단청을 하지 않은 사대부집 형식으로 지어졌다. 필자가 한창 집 공부하러 다니던 시절, 1980년대에는 일반인에게 공개되지 않는 곳이어서 낙선재는 시크릿가든 같은 신비로움마저 품게 하는 곳이었다. 특히 담장 너머 높게 솟은 상량정은 당당하고 화려한 모습으로 더욱 궁금증을 자아내기도 했다. 물론 지금은 일반인에게 공개되어 누구나 그 아름다움을 즐길 수 있고, 한옥을 짓고자 하는 분들이라면 꼭 다녀오는 순례처가 되었다. 조선 시대 전형적인 민가의 형식과 집 곳곳에 새겨진 우리의 전통미학이 담긴 무늬를 보면 누구라도 내 집에 적용하고 응용하고 싶어지는 그런 곳이 낙선재다.

낙선재 일곽

〰〰〰〰
1 조선 시대 궁궐의 각 전각의 명칭·위치·연혁 등을 적은 책이다.

낙선재는 중희당과 수강재를 이웃하고 있는 것으로 보아 처음에는 세자를 위한 공간으로 건설되었을 것으로 추정된다. 영조 32년(1756)에 화재가 있었다는 기록으로 보아 영조 대에도 존재했던 것으로 짐작된다. 이후 낙선재는 헌종 13년(1847)에 중건되었는데 후궁 경빈 김씨를 위해 세워진 건물이었다. 그러나 고종 대에 들어와서 중희당과 가까운 낙선재를 종종 편전으로 이용하는 경우가 생겼다. 특히 고종 21년(1884) 갑신정변 이후 고종은 낙선재를 집무실로 정하고 대신들과 외국 공사들을 접견하였다. 그 후 조선 왕조 마지막 영친왕 이은이 1963년부터 1970년까지 살았으며, 1966년부터 1989년까지는 이방자 여사가 기거했었다. 궁궐 중 유일하게 현대까지 왕가가 실제로 기거했던 전각이기도 하다.

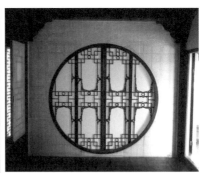

낙선재의 다양한 창과 문

장락문에서 들여다본 상량정   누마루 운문이 초각된 낙양각

낙선재는 남행각에 있는 솟을대문을 통해서 들어간다. 솟을대문에는 장락문長樂門이라는 편액이 걸려있다. 솟을대문을 통해서 보면 뒷동산 위의 상량정까지 한눈에 보인다. 장락문의 문지방에는 다듬은 돌이 설치되었는데 중앙 부위가 한 자 정도 간격으로 벌어져 있다. 이는 외바퀴 수레인 초헌軺軒이 드나들 수 있도록 하기 위함이다. 장락문을 들어서면 널찍하고 반듯한 마당이 있고 그 건너편에 남향으로 낙선재가 자리 잡고 있는데, 'ㄱ'자형 평면으로 정면 6칸, 측면 2칸 규모다. 낙선재 좌측으로 서행각과 남행각이 직교로 연접해 있는데, 맨 좌측에 앞으로 돌출한 1칸이 주형 초석 위에 놓여 누마루가 되면서 시선을 끈다. 누마루에 올라가 미닫이를 열고 앉아 내다보면 몸체의 구조가 한눈에 들어온다. 누마루 뒤로는 온돌방 한 칸을 끼고 그 우측으로 대청 2칸, 온돌방 2칸, 다락방 1칸을 배열하였는데, 다락방 배면에도 흔치 않은 온돌방을 돌출되게 두었다. 2칸 대청과 온돌방 앞에는 툇마루를 깔고, 건물 뒤에는 쪽마루를 길게 깔아 공간 간 이동이 편리하게 설계되었다. 낙선재는 궁궐의 권위와 위엄을 보여주는 수준 높은 다양한 문양의 창호들이 설치되어 있는데, 특히 누마루와 그 뒤 온돌방 사이의 만월문은 단연 돋보이는 백미로 누마루 공간의 위계를 읽게 한다.

낙선재의 구조양식은 잘 다듬은 화강석으로 바른층 쌓기한 기단 위에 방형 초석을 놓고 네모 기둥을 세운 '물익공 겹처마 팔작지붕' 집이다. 물익공은 당초문양으로 세련되게 초각하고, 보머리와 보아지도 같은 수법으로 품위 있게 장식하여 궁궐의 면모를 갖추었다. 주간은 소로로 수장하고, 누마루의 머름대 아래에는 아름답게 초각한 낙양이 장식되어 있어 누 부분이 더욱 돋보인다. 상부가구는 몸채 5량가, 누마루 3량가로 가구하였고 미려하게 다듬은 대량 위에 당초문양을 양각한 화려한 제형판대공을 세워 종도리를 받게 했다.

낙선재 뒤 괴석과 굴뚝으로 층층이 꾸며진 화계 사이의 계단을 오르면 전 벽돌로 만들어진 홍예문이 있고 이 문을 지나면 상량정이 있는 후원에 올라 갈 수 있다. 여기에 상량정과 서고가 있다. 서고에는 많은 서책이 소장되어 있 었다고 하는데 서고에서 책을 가져와 상량정에서 책을 볼 수 있도록 계획한 것이 아닐까 추정된다.

현재 편액은 상량정이라고 되어있으나 『소치실록小癡實錄』[2]의 기록을 보 면 허유가 헌종 15년 정월 15일에 궁궐에 입궐하여 낙선재에서 헌종을 만나는 데 '낙선재 위에 평원정平遠亭이 있었다'고 기술하고 있다. 이 기록으로 볼 때 상량정은 낙선재 후원에 이미 건립되어 있었던 것으로 보이며, 낙선재 일곽 을 조영할 때 상량정도 함께 영건된 것으로 추정된다. 이후 고종 대에 편찬된 『궁궐지』와 「동궐도형東闕圖形」[3]에는 평원루平遠樓로 기록되어 있다. 그러나 일제강점기에 간행된 『조선고적도보』에는 상량정이라고 기록하고 있어서 현재 이름은 이 시기에 바뀌었을 것으로 보인다.

상량정은 육각형 정자로 육각형 기단 위에 잘 다듬은 육각형의 높은 주초 석을 두고 그 위에 육각형 기둥을 세우고 벽체 없이 분합문으로 구성하였다. 목구조는 다포계 양식이다. 다포계 양식이지만 평방은 없다. 겹처마에 육모지 붕으로 구성하고 절병통을 얹었다. 육모지붕에 겹처마를 구성하려다 보니 서 까래 대부분이 선자서까래로 이루어져 있어 처마가 깊고 유려한 처마선을 지 니게 되었다. 추녀의 끝은 나선형의 게눈각으로 장식하였고 사래 마구리와 부 연평고대의 양 끝에 금구를 박았다. 공포의 살미와 첨차를 구름무늬로 조각하 고 단청하여 매우 화려하다. 건물 기둥 간살이보다 주초석 간살이를 조금 넓 게 잡았다. 주초석과 목조 조립이 만나는 부분을 여모판으로 치장하여 가렸다.

정자는 서고 앞쪽에서 올라갈 수 있게 계단을 북쪽으로 두었다. 조금은 가파른 계단을 오르기 위해서는 계단 난간을 붙잡고 올라야 하는데 난간의 돌란대를 받치고 있는 하엽荷葉이 예쁘다. 계단이 시작되는 하부에는 화강석 받침석을 한 단 설치하여 엄지기둥과 옆판이 쉽게 썩는 것을 방지하였다. 계단을 올라 정자 안으로 들어가면 우물마루가 깔렸는데 귀틀과 청판의 구성이 조화롭다. 외부는 긴 널을 그대로 깔아 만든 장마루다. 분합문을 활짝 열면 사방이 다 조망된다. 상량정 서쪽에는 수복문壽福紋이 가득한 꽃담이 있고 만월

상량정과 서고

상량정의 포작과 처마, 여모판

2 조선 말기 선비화가 소치 허련의 문집이다.
3 조선 후기의 도화서 화원들이 동궐인 창덕궁과 창경궁의 전각 및 궁궐 전경을 조감도식으로 그린 궁궐 배치도이다.

문滿月門이 있다. 만월문은 중희당重熙堂 정원으로 가는 문이다. 만월문은 전벽돌로 만월형의 문얼굴을 만들고 그 안에 미닫이 판장문을 달았다. 궁궐의 합문으로는 유일하게 원형으로 만든 문이다.

상량정에서 눈을 들어 멀리 보면 예전에는 탁 트인 시야로 도성이 한눈에 들어오고 남산이 조망되었을 것이다. 지금은 도심이 변해서 그렇지는 못하다. 창은 머름이 있는 창 대신 분합문을 설치하고 교란交欄[4]을 두어서 문을 활짝 열었을 때 내부에서 머름 대신 난간 역할을 하게 했다. 이는 개방감을 확보하는 동시에 안정감을 얻는 효과를 내고자 한 것으로 보인다. 외부 난간은 계자각을 둘렀는데 풍혈에 보상화당초문으로 조각했다. 여모판과 함께 구성이 조화롭다. 분합문 창살은 아자亞字 창살 사이에 두 개를 연결한 돈錢으로 장식했다. 이 또한 드문 조합이다.

이 정자의 내·외부 곳곳에 섬세한 무늬들이 넓게 배치되어 있지만 특히 우물천장 반자에 가득 배치된 길상무늬들은 다양하고 화려하기 그지없다.

실내에서 본 분합문과 반자

∞∞∞∞
4 아亞자형 난간을 말한다.

육각형 우물천장 반자틀의 모서리에는 박쥐문이 있고, 12개의 마름모꼴 중 6개의 소란반자에는 구름과 용을, 다른 6개의 소란반자에는 구름과 두 마리의 학을 새겼다. 마름모꼴의 테두리에는 불수감佛手柑과 복숭아문양을 그렸다. 모서리에 있는 박쥐문은 박쥐의 한자표기 편복蝙蝠이 복과 같은 소리를 낸다고 해서 행복의 상징으로 여겨져 왔다. 마름모꼴에 있는 구름 속의 용과 학은 이 공간을 천상의 세계로 끌어올리고 있다. 복숭아문은 신선이 산다는 곤륜산에 있는 천도天桃를 상징하는 것으로 '삼천 년에 한 번 꽃을 피우고 삼천 년에 한 번 열매를 맺는다'는 천상의 복숭아로 장수와 이상향을 상징하는 대표적인 길상무늬이다. 불수감은 감귤류에 속하는 과실로 이 과일은 선황색으로 겨울에 열매를 맺으며 모양은 부처의 손가락을 닮아서 '불수감'이라고 불리게 되었다. 특히 불교에서 상징적인 의미로 많이 사용되었으며 불수佛手의 '불佛'이 복과 발음이 유사하여 복의 상징으로 여겨져 왔다. 마름모꼴이 모이는 정중앙에는 연꽃무늬가 포치되어있다. 연꽃은 불교에서 연화생을 의미하기도 하고 극락정토를 의미하기도 한다.

단청을 하지 않은 사대부 형식의 건물을 짓고 후원에는 길상무늬로 가득 채우고 단청한 정자를 세운 것은 어찌 보면 낙선재에 머무는 이들이 오랫동안 무병장수하며 복록을 누리며 자손이 대대로 번창하는 행복한 삶을 살기를 기원하는 염원을 모두 담아내고 있는 것이 아닌가 생각된다. 여러분도 창덕궁에 가시면 꼭 낙선재 상량정에 올라 그 기운을 받아오시기 바란다.

신지용
서울특별시 출생. 이화여자대학교 미술사학과(석사) 졸업. 논문으로 「닫집에 관한 연구」가 있음. 현재 한옥과문화 대표이사로 활동 중.

8. 방화수류정訪花隨柳亭

성두城頭의 위용을 드러낸 정조正祖의 활쏘기 의례 공간

이경미

역사건축기술연구소 소장

 화성華城(사적 제3호, 세계문화유산)은 정조 시대를 대표하는 문화유산으로 조선 후기의 사상과 건축기술이 응집된 성곽으로 꼽힌다. 발간된 단행본 제목이기도 하지만 '실학 정신으로 세운 조선의 신도시 수원화성'이란 정의는 화성을 가장 잘 표현한 찬사 가운데 하나다. 화성은 전체 길이 4,600보로 지금 도량형으로 환산하면 대략 5.7㎞에 달한다. 성벽 모양은 지형을 따라 구불구불한데 조선 시대 도성과 지방 읍성에서 흔히 볼 수 있는 모습이지만 설치된 여러 시설은 아주 색달랐다. 별다른 방어 시설이 없던 기존 성곽과 달리 화성의 성벽과 내부에는 갖가지 방어 시설이 마련되었는데, 성문 4개소, 암문暗門 5개소, 수문水門 2개소, 적대敵臺 4개소, 장대將臺 2개소, 노대弩臺 2개소, 공심돈

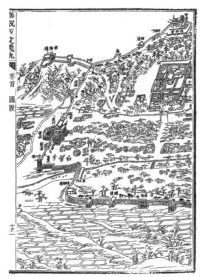

『화성성역의궤』의 「화성전도」

空心墩 3개소, 봉돈烽墩 1개소, 각루角樓 4개소, 포루砲樓 5개소, 포루鋪樓 5개소, 치성雉城 8개소, 포사鋪舍 3개소에 이른다.

각루 가운데 하나인 동북각루東北角樓는 화성 가운데서도 동북쪽에 자리한 위치, 그리고 각루라는 방어 시설로서의 고유한 기능에서 비롯되었다. 흔히 각루는 궁궐이나 성곽에 마련한 군사 시설을 말한다. 요충지에 세워서 외부의 적을 감시하는 동시에 위용을 과시하는 시설로 쓰였다. 하지만 동북각루라는 본래 이름은 덜 쓰이는 데 비해 유명세로 보자면 별칭인 방화수류정이란 이름이 훨씬 더 널리 알려져 있다.

정조는 방화수류정訪花隨柳亭의 이름을 '꽃이 핀 산[花山]과 버들이 늘어진

냇가[柳川]'에서 뜻을 취했다고 밝혔다. 화산과 유천 두 단어에 집약된 의미는 정조의 문집인 『홍재전서』에서 찾을 수 있는데, "화산의 뜻은 대체로 8백 개의 봉우리가 이 한 산을 둥그렇게 둘러싸 보호하는 형세가 마치 꽃송이와 같다 하여 이른 것이다. 그렇다면 유천성柳川城은 남북이 조금 길게 하여 마치 버들잎 모양처럼 만들면 참으로 의의가 있을 것이다."라고 하였다. 정조의 말을 요약하면, 화산은 사도 세자의 묘소인 현륭원顯隆園(지금의 융릉隆陵)을, 유천은 버들잎 모양대로 쌓은 화성을 가리킨다. 현륭원 이장에 이어서 화성 축성으로 완성된 정조의 행보를 방화수류정이란 별칭에 모두 담아냈음을 알 수 있다.

정조 13년(1789), 정조는 생부인 사도 세자의 무덤을 양주 배봉산(현 삼육대학교 부속병원 일대)에서 수원도호부 뒷산인 화산 아래로 옮겼다. '반룡이 여의주를 희롱하는 형국'으로 알려진 화산은 17세기 이래로 조선의 몇 군데 없는 명당으로 알려져 왔다. 일찍이 선조와 효종의 능침陵寢을 선정하는 과정에서도 길지로 주목받았으나 실행되지 않은 땅이었다.

무덤을 이장하기에 앞서 정조는 수원부 주민들을 북쪽으로 약 8㎞ 떨어진 팔달산 아래로 서둘러 이주시켰다. 지금 수원의 탄생은 이렇게 시작되었다. 정조는 터전을 떠나야 했던 이주민에게 보상비를 지급했고, 다른 지역에서도 원하는 사람은 이주를 적극적으로 권장하였다. 여기에 그치지 않고 이주하는 상인에게는 나라에서 일정 기간 이자를 물지 않는 조건으로 장사할 자금까지 빌려주었다. 새로 건설하는 도시를 인구가 많고 상업이 번성한 도시로 만들기 위한 정책적 배려였다. 신속한 정책 덕분에 수원 신읍新邑은 불과 1년 만에 주민이 1,000호가 넘는 도시로 성장할 수 있었다.

수원부의 인구가 늘고 도시가 차차 안정되자 도시 주변에 성곽을 쌓자는 건의가 나왔다. 축성 공사는 정조 18년(1794) 2월에 시작되어 정조 20년(1796) 9월에 마무리되었다. 2년 반이란 짧은 시간에 성곽을 쌓고 성문과 여러 시설을 마련하였으며, 왕의 행차를 대비한 행궁行宮을 새롭게 중건하는 대규모 공사를 마친 것이다. 화성 축성을 계획하는 단계에서 정조는 신임하던 홍문관의 관료 정약용에게 새로운 성곽 구상을 지시하였다. 정약용은 조선의 성제城制와 중국의 성제를 널리 참고하고, 왕이 직접 내려준 중국의 기술 서적을 참고하여 「성설城說」이란 글을 짓고, 옹성과 누조, 포루, 현안, 기기器機와 같은 세부 시설에 관한 내용을 지어 왕에게 올렸다. 그의 구상은 대부분 화성에 적용된 편으로 화성이 조선의 여러 성곽 가운데서 가장 독특한 특징을 지니게 된 바탕에는 바로 정조와 정약용의 구상이 있었기 때문이다.

정약용이 참고한 서적 가운데 명나라의 병법서인『무비지』가 있었다. 이 책에는 조선의 성곽에서는 흔치 않은 시설을 소개하고 있는데, 성문에 옹성甕城을 마련할 것을 강조하면서 옹성에는 오성지五星池라는 누조를 두고 옹성 상부에는 방어용 판문인 전붕戰棚을 대도록 했다. 이밖에 현안, 포루, 공심돈空心墩 등도『무비지』에 수록된 시설들이었다.『기기도설』또한 중요한 참고 자료였다. 이 책에는 도르래를 이용한 다양한 운반 기구가 소개되어 있었다. 이 가운데서 조선의 실정을 고려하여 당장 제작하여 사용할 수 있는 거중기擧重機란 운반 기구를 고안해냈다.

이런 과정을 거쳐 완성된 화성의 성벽은 다양하고 색다른 방어 시설의 집결장이 되었다. 사방에 성문을 내고 그 사이사이에 한양 도성에서도 볼 수 없는 전란을 대비한 시설을 설치한 것이다. 사방에 낸 성문은 모두 전면에 항아리 모양의 옹성을 두어 이중으로 성문을 수호하게 하였다. 포루와 각루는 지방의 군사 요지에만 설치하던 시설이었고, 내부를 비워 군사들이 안에서 적을 감시하고 공격할 수 있게 만든 공심돈은 이전의 조선 성곽에서는 설치하지 않았던 새로운 시설이었다. 성벽 둘레는 한양 도성의 3분의 1에 지나지 않지만 다른 데서 볼 수 없는 방어 시설로 무장한 점은 화성의 가장 큰 특징으로 꼽힌다.

방화수류정은 화성 축성 첫해인 1794년에 준공되었다. 같은 해에 지은 건물로는 북문인 장안문, 남문인 팔달문, 서장대 세 채였고 네 번째로 지은 건물이 방화수류정이었다. 다른 여러 시설에 앞서서 지은 주요 건물 가운데 방화수류정이 포함된 이유는 무엇일까. 미리 말해두자면 방화수류정은 단순한 방어용 각루 가운데 하나가 아니었다. 화성 내에서 가장 중요한 요지에 자리 잡은 군사 시설 각루이면서 한편으론 육예六藝의 하나인 활쏘기 의식을 거행하던 의례 공간이었다.

『화성성역의궤』에는 방화수류정을 설명하면서 "성이 이곳에 이르면 산과 들이 만나게 되고 물이 돌아서 아래로 흘러 대천에 이르게 되니, 여기야말로 실지로 동북 모퉁이의 요해처이다. 장안문을 잡아당겨 화홍문과 이어지게 함으로써 앞뒤로 서로 마주 응하여 한쪽 면을 제압하고 있다. 마침내 절벽을 따라 성을 쌓고 바위 위에 누를 세우니 (…중략…) 동북쪽 평난간 밖에는 또 처마마다 판자를 깔아 성두城頭를 위압하고 있다."라고 하였다. 방화수류정이 방어의 요해처에 있을 뿐 아니라 바위에 누를 세우고 난간 밖으로 판자를 깔아 성의 머리[城頭]를 위압하는 모습을 말하고 있어, 무엇보다 군사적 위용이 강조된 시설임을 밝히고 있다.

용연에서 바라본 방화수류정과
『정리의궤』의 「방화수류정 외도」 ⓒ 국립파리도서관

　성두를 위압하는 방화수류정의 터를 선정한 기준은 정조가 쓴 글에 전해
진다. "모든 일은 먼저 큰 졸가리를 세워야 한다. 성을 쌓는 졸가리는 형편을
따르는 것만 한 것이 없다. 터를 정함에 둥글게 하려고도 말고 네모나게 하려
고도 말고 보기 좋게 하려고도 말며 지세地勢의 편리에 따라 하도록 힘쓰라."
라고 말하였다. 정조가 지시한 대로 화성의 시설 대부분은 원래 지형에 따라
쌓았는데, 방화수류정은 화성이 들어설 땅 전체 지형을 살펴 그 가운데서 가
장 우뚝한 지점에 짓기로 처음부터 계획하고 출발한 것이다. 용연龍淵 위로 우
뚝 솟은 암반과 그 위에 자리 잡은 방화수류정을 보면 그 의도를 단번에 알아
챌 수 있다.

　방화수류정의 위용은 이런 지세 활용과 더불어 '난간 밖으로 판자를 깐'

전붕판문을 시설하면서 극대화된 효과를 연출했다. 지금은 없지만 전붕판문은 『무비지』에서 단서를 얻은 널빤지 문으로 화성 안에서도 화홍문(북수문)과 방화수류정 두 곳에만 설치한 특수한 문이다. 『화성성역의궤』의 「도설」에 실린 전붕판문 모양을 보면, 세로로 긴 널빤지로 문짝을 만들고 표면에 짐승 얼굴을 그린 뒤 화살이나 총을 쏠 수 있도록 구멍을 뚫은 모습이다.

방화수류정은 건물 형태도 독특하다. 가운데 온돌방 1칸을 중심으로 마루를 사방으로 달아낸 'ㄱ'자형 평면인데 세 방향으로는 간살 중간에 반 칸 툇간을 두는 바람에 복잡한 평면이 만들어졌다. 『화성성역의궤』에는 "세 모퉁이가 다섯 번 꺾이고 팔각을 이루는" 모습으로 설명하였다. 이런 평면을 덮다 보니 사면에 박공이 있고, 용마루가 아주 복잡하게 결합된 지붕 모습이 되었

고, 회칠로 장식까지 더하면서 한층 두드러진 외관이 갖춰졌다. 누각답게 상·하층으로 구성되어 있지만 기둥은 한 부재를 사용하였다. 하층부는 원기둥으로 다듬어 쓴 반면에 상층부는 원형인 기둥 단면을 각형으로 치목한 특징이 보인다. 게다가 누각 구조임에도 불구하고 하층부 기둥 사이는 개방하지 않았다. 『화성성역의궤』에 실린 벽체석연壁砌石緣이란 고급 기법으로 벽면을 채웠다. 돌로 외곽을 구성하고 내부는 벽돌로

『화성성역의궤』의 「북수문(화홍문)의 전붕판문」

채운 방식인데 특히 서쪽 벽면은 '十'자 모양으로 가공한 색이 다른 벽돌을 끼워 마감하였다. 보기 드문 색다른 장식 기법을 여기서 볼 수 있다. 이렇게 벽을 친 하층은 군사들이 머물며 방어할 수 있도록 구멍을 곳곳에 뚫어놓았다.

방화수류정에 올라 보면 앞에서 말한 온돌방은 흔적도 없이 전체를 마루로 깐 상태다. 언제인지 명확하지 않으나 창건한 이후 여러 차례 수리하는 사이에 온돌방은 사라지고 말았다. 정자에 온돌방을 두는 사례는 없지 않으나 방화수류정의 온돌방은 단순히 휴식하기 위해 마련된 난방 공간이 아니었다. 평소 거주하는 시설은 아니지만 간혹 왕이 임어하는 경우를 대비하여 온돌방을 둔 것이다. 온돌방은 방화수류정의 가장 중심 공간으로 왕은 여기서 신하를 만나기도 하고 활쏘기를 할 때 왕이 임어하여 마당 쪽을 지켜보는 곳이기도 하였다. 온돌방 사면에는 장지문을 달았다. 온돌방은 동서쪽 문은 들어열개로 하되 남북쪽은 미닫이로 개폐 방식을 달리하였다. 모두 들어열개 방식을 따르지 않은 이유는 온돌방의 용도에 따른 구별로 보인다. 신분이 높은 사

방화수류정 하층의 벽면 장식

방화수류정 내도

『정리의궤』의 「방화수류정 내도」 ⓒ 국립파리도서관

람이 거처하는 온돌방 뒷벽은 벽체를 막아서 뒤를 가리는 게 상례였듯이 방화수류정 북벽도 미닫이지만 뒷벽처럼 사용하고, 마당 쪽에서 온돌방으로 통하는 출입문인 남쪽 장지문은 미닫이를 둔 게 아닌가 한다.

　마당 안쪽에는 기단에 붙여서 네모난 대臺가 딸려 있다.『화성성역의궤』에는 '우사읍양耦射揖讓'의 장소로 기능을 언급하였다. 우사읍양은 글자 그대로 서로 마주하여 활을 쏘고[耦射], 다 쏘고 나서는 서로 절을 하여 상대방에게 존경하는 의례[揖讓]를 가리킨다. 방화수류정의 기단은 이런 의례를 수행할 수 있도록 특별한 외관을 갖추고 높이와 규모를 계획하여 시설한 것임을 알 수 있다.

마당 안쪽의 의례 공간으로 마련된 네모난 대

이 건물의 가장 중심은 동서 3칸 한가운데 놓인 중앙 1칸 온돌방이다. 여기에 건물 전체를 'ㄱ'자 형태의 곡척처럼 만들고, 'ㄱ'자로 꺾인 부분에 기단을 돋워 대를 만들고 전돌을 깔아 의례시설을 만들었다. 여기서 활쏘기를 하고 또 서로 간에 절을 나누는 의례를 거행하게 한 것이다. 실제로 정조는 방화수류정을 직접 찾아와 활쏘기를 하고 신하들에게도 활쏘기를 시켰으며 성적이 우수한 자에게 상을 내리기도 하였다. 활쏘기를 마친 왕은 수행한 신하들에게 음식을 내리고 나서 아래와 같은 절구 한 수를 지었다. 시를 짓기에 앞서 정조는 "성을 순시하고 방화수류정에 이르러 활을 쏘아서 무武를 숭상하는 뜻을 보인다."라는 말을 덧붙였다.

『홍재전서』에 실린 이 시를 읽어보면 방화수류정이 단순히 휴식하는 정자가 아니고 활쏘기 행사를 통해서 군주와 신하가 서로 예를 갖추는 곳임을 알 수 있으며, 또한 무를 숭상하는 상징적인 장소였음을 분명하게 알 수 있다.

歷遍春城日未斜	봄날 성을 두루 보았으나 해 아니 기울었고
小亭雲物轉晴佳	작은 정자의 경치는 한결 맑고 아름답네
鑾旒慣報參連妙	어가는 신묘한 삼련의 보고에 이력이 났고
萬柳陰中簇似花	만 그루 버들 아래 나는 화살 꽃 같네

시가지가 즐비한 지금도 방화수류정에 오르면 한눈에 화성 전경이 눈에 들어온다. 밑으로 내려와 용연 위쪽으로 암반 위에 우뚝 선 방화수류정의 모습은 『화성성역의궤』가 전하는 상황과 다름이 없다. 지형을 활용한 터는 물

론 독특한 외관이나 이 건물이 화성의 요해처에 세운 각루라는 점을 분명하게 알려준다. 이곳에서 정조는 신하들을 만나보고 또 왕이 지켜보는 가운데 활쏘기 행사 등을 벌였다. 현재 방화수류정은 화성의 경관을 즐기는 휴식처로 사용되고 있지만 이런 변화는 화성의 성곽 기능이 더 이상 유지되지 않게 된 이후의 달라진 모습에 불과하다. 본래 방화수류정은 어디까지나 군사 시설의 하나이면서 군신 간의 활쏘기 의례를 벌였던 장소였음을 되새길 필요가 있다.

이경미

경상남도 산청 출생. 성균관대학교 건축공학과 이화여자대학교 미술사학과(석사·박사) 졸업. 저서로 『우리 궁궐을 아는 사전』 외 다수. 현재 (재)역사건축기술연구소 소장으로 활동 중.

9. 월연대月淵臺

달〔月〕을 기다리는 별서別墅

신치후

건축도시공간연구소 국가한옥센터 센터장

　경상남도 밀양시 용평동 월연대月淵臺는 밀양강과 동천이 합류하여 풍광
이 우수한 곳에 건립된 정자로서 600여 년의 역사와 함께 수려한 자연 경관
과 품격을 잘 갖추고 있다. 특히, 건축적으로도 정자와 주거를 위한 여러 동의
한옥들이 함께 구성되어 여타 다른 조선 시대 정자와 비교하여 독특한 특성
을 보여주는 문화유산이다. 그러나 이러한 우수함과 독특함에도 불구하고 일
반적으로 잘 알려지지 않은 별서다.

　별서란 주택에서 떨어지거나 인접한 경승지景勝地와 전원지에 은둔과 은
일隱逸을 위해서, 때로는 자연과 인간과의 상호 관계를 즐기기 위해 건립한,

『밀양12경도密陽十二景圖』(선조 때 이경홍이 부친의 병을 위로하기 위해 그린 것으로 전함) 가운데 「연대제월淵臺霽月」

또 다른 형식의 주택이라고도 볼 수 있다. 자연환경과 더불어 인문 환경을 두루 섭렵하면서 절경과 문학을 즐길 수 있는 풍류 또는 은일 개념의 원유園遊 장소였다. 특히 조선 시대의 별서는 당파에 따른 학파적 경쟁과 각종 사화로 귀향한 선비들의 자연관 등에 영향을 많이 받았다. 사화, 당쟁이 잦아짐에 따라 현실에서 도피하려는 은일과 은둔 풍조의 영향을 받았고 유교, 도교의 영향을 받은 선비들의 자연관이 영향을 미친 결과다. 조선 시대 양반 중심의 정

치 체제에서 부를 축적한 양반층의 경제력과 산과 강이 많은 지형적인 특성
은 우리나라만의 독특한 별서 문화를 이루는 근간이 되었다고 볼 수 있다. 이
러한 배경을 가지고 있는 별서는 정자亭子라 불리는 단위 건축물 하나만으로
그 의미를 파악하기는 어렵다. 창건한 사람의 세계관과 건축적인 입지, 외부
및 내부 공간의 구성, 경관을 처리하는 방법 등을 함께 이해해야 비로소 별서
가 보이기 시작한다.

　　월연대 일곽은 원래 월영사月影寺가 있던 장소였으나 이태[1]가 낙향한 다음
해인 1520년경에 옛터에 대를 쌓고 그 이름을 월연月淵이라고 지은 것이다. 이
후 임진왜란으로 소실된 것을 후손 이지복이 중건하였으며 수차례 중수 과
정을 거쳤다. 월연대라는 이름의 연원을 엿볼 수 있는 자료로 강난형姜蘭馨의
「월연대중건기月淵臺重建記」를 보면, "마음이 달처럼 밝게 빛나며 또 마음이
깊은 못처럼 온갖 만물을 포용하기 때문에 '월연'이라고 이름을 지었다."라고
하였다. 그리고 유후조柳厚祚의 「월연대중건기月淵臺重建記」를 보면, "물의 동

1　본관은 여주驪州, 자는 중예仲豫, 호는 월연月淵이다. 중종 2년(1507) 생원·진사시에 모두 합격하고,
　　1510년 식년문과에 병과로 급제하였다. 중종 7년(1512) 사간원의 탄핵을 받고 이듬해 낙향하였다.
　　중종 11년(1516), 서울에 올라와 학우들과 시사時事·경학經學을 논하고 김안국의 문하에 드나들었다.
　　이 해부터 다시 관직 생활을 하다가, 성리학에 입각해 개혁 정치를 추구한 조광조파가 죽임을
　　당하는 기묘사화의 조짐을 미리 알고서 이곳으로 내려왔다. 이 때문에 훗날 '기묘완인己卯完人'으로
　　일컬어졌다. 중종 15년(1520) 쌍경당雙鏡堂과 월연대月淵臺를 짓고, '월연주인月淵主人',
　　'금서자琴書子'로 자호自號하였다. 중종 19년(1524) 복직되어 정계에 다시 진출하였으나 연이은
　　김안로金安老의 방해로 결국 사직하고 중종 29년(1534)에 낙향하였다. 중종 31년(1536)에 생을
　　마감하였고 정조 24년(1800)에 밀양 백곡서원栢谷書院에 배향되었다. 저서로는 『월연집月淵集』이
　　있는데, 이장운李章運, 이종술李鍾述, 이수형李守馨 등의 후손들에 의해 수차례 간행되었다.
2　문화재청, 「2010 전국 별서 명승자원 지정조사 보고서」, 2010, 95쪽.

92

정動靜한 기미를 체득하고 달의 영허盈虛한 이치를 완상하여 마음은 수월水月과 더불어 맑게 되고 풍치는 산수와 더불어 유구하므로 '월연'이라고 이름을 지었다."[2]라고 하였다.

지리적으로 밀양강과 동천이 합류하는 곳에 자리 잡았으며 추화산을 뒤로하는 배산임수의 배치를 보여준다. 특히 동천이 동쪽으로 긴 수경 축을 형성하여 지금도 월출이 절경을 이루고 있다. 이렇게 달이 뜨는 절경을 '월주경月柱景'이라 하고 월주月柱가 서는, 음력 16일인 기망일旣望日에 시회詩會를 열었다는 기록이 있다. 정자에서 조망 대상이 되는 산은 용두산·금오산·꾀꼬리봉 세 곳이다.

배치 특성으로는, 실개천을 건너 달을 맞으러 강으로 흘러간다는 의미의 영월간迎月澗을 중심으로 한쪽에는 월연대 영역을 두고 한쪽에는 쌍경당 영역과 제헌霽軒을 두어 계곡의 양쪽을 모두 활용하고, 두 영역을 쌍청교雙淸橋라

월연대에서 본 전경으로 월주경을 볼 수 있다.

는 다리로 연결하여 주택과 정자를 함께 배치한 사례다. 각 영역은 담장으로 구획하여 독립적이지만 내부의 문을 통해 각 영역이 연결된다. 영월간 너머의 월연대는 다른 영역들과 적절한 거리를 두었다. 월연대 일원의 건물들은 각각의 향向과 지어진 높이가 다양하다. 월연대는 가장 높은 위치에 지어져 있으며 남향이고 제헌은 가장 낮은 위치에 남향을 하고 있다. 쌍경당은 양 건물의 중간 정도의 높이에 있으며 동향이다. 이러한 배치의 차이로 인하여 다양한 시각적 경험이 가능하다. 따라서 단독으로 건립되는 조선 시대의 일반 정자 건축과는 다르게 세 개의 건축물이 군집한 월연대 일원은 건축적 배치가 독특한 양식이다.

동천, 밀양강, 영월간과 같은 자연 경관인 수경 요소와 수조대垂釣臺, 탁족암濯足巖, 행단杏壇, 죽오竹塢, 한림이공대翰林李公臺와 같은 문화적인 경관을 구성하는 요소들을 배치하였다.

월연대 영역의 가장 북쪽에 있는 월연대는 정면, 측면 각각 3칸 정사각형 평면인 정자의 중앙에 구들방을 1칸 배치하고 주변에 마루를 두른 형태의 정자다. 구들방은 사방으로 세살문의 창호를 두어 문을 열어 주변 자연 경관을 끌어들이도록 하여 '허虛'의 개념을 잘 적용하였다. 정자에서 경관을 처리하기 가장 기본이 되는 개념은 허의 개념이다. 손순효가 '빙허루憑虛樓'에 쓴 기문 가운데 "누가 비어 있으면 능히 만 가지 경관을 끌어들일 수 있을 것이요, 마음이 비어 있으면 능히 선한 것을 많이 담을 것이다."에서 그 개념이 잘 나타난다. 월연대에서도 이처럼 방에서 주위의 경관을 많이 담을 수 있는 장치를 한 것이다.

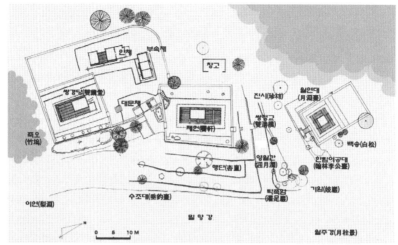

월연대 일원 배치도

월연대와 월연대의 구조

정자의 일정 부분을 비움으로써 주위의 경관을 정자의 한곳으로 모으거나, 정자에서 많은 경관을 보이게 하거나 자연 경관이 정자의 주변을 둘러싸 머물게 하거나, 자연 경관을 정자로 들어오게 하는 것이 가능하다. 이러한 허의 개념이 정자에 투영되기 위하여 우선적으로 입지조건이 중요하다. 주변에서 산 중턱이나, 절벽 위에 건축된 정자를 쉽게 볼 수 있다. 또한 정자의 내부 구성도 방이 없거나, 방이 있더라도 창호를 분합문으로 만들어 닫혔지만 열린 공간으로 만든다. 구조적으로는 민도리식으로 상부 가구는 직절익공식으로 꾸며 소박하다.

쌍경당은 정면 5칸, 측면 2칸의 규모로 구들방과 판문이 있는 대청으로 이루어져 있다. 뒤편의 안채와 더불어 생활을 위한 공간으로 조영되었다. 창호는 머름을 둔 쌍창이 정면을 향하도록 하였으며 대청을 향한 방의 창호는 불발기분합문을 사용한 것이 특징이며 구조적으로는 삼익공을 사용하여 월연대나 제헌보다는 화려한 편이다. 제헌은 월연대 일원의 중앙에 위치하며 정면 5칸, 측면 2칸의 정자다. 중앙 부분에 구들방을 두고 좌우로 우물마루를

쌍경당과 쌍경당의 구조

쌍청교

배치하였다. 구조적으로 민도리식으로 월연대와 같이 소박하다.

　　이러한 건물군 외에도 다양한 의미를 내포하는 문화 경관들도 있다. 수월
쌍청水月雙淸이라는 시에서 이름을 따온 쌍청교는 하늘에 뜬 달과 물에 담긴
달을 감상하던 곳이라는 의미다. 월영연月盈淵가에 평평한 반석군인 수조대垂
釣臺는 낚시를 즐기며 소요자적逍遙自適하던 곳이다. 탁족암濯足巖은 제헌霽軒
앞뜰 축대 아래 강기슭에 있는 반석으로 세상을 등지고 깨끗하고 고결한 삶
을 살겠다는 의지를 표현한 명칭이다. 그 유래는 많은 고서에서 나타난다. 월
연대 동쪽 벼랑 끝에 있는 반석으로 시를 읊거나 풍류를 즐기던 장소로 후인
들이 이름을 지어 준 '한림이공대'와 같은 문화 경관들이 월연대의 의미를 더
욱 풍부하게 한다.

월연대 주변에는 배롱나무, 백송, 석축, 기암 등의 원림 요소가 다양한 편이다. 한림대에 있는 백송 두 그루, 쌍경당 서쪽에 있는 오죽, 월연대 서쪽 언덕에 있는 진시(감나무)를 월연삼기月淵三奇라고 부른다.

월연대와 관련하여 유명한 학자나 시인들이 시문과 기문을 매우 많이 남겼으며 내용은 주로 이태의 불우한 인생에 대한 감개, 구도자求道者로서의 은거 의식, 빼어난 풍광에 대한 묘사가 많다. 특히 이태가 별서를 경영하면서 남긴「유거幽居」두 수[3]가 있어 월연대의 문화 경관 요소가 언제 형성되었는지와 조영자가 월연대에서 느낀 심정을 엿볼 수 있다.

地卜芳園十丈寬　　터를 잡아 가꾼 정원 열 장丈만한데
只栽花木四時看　　꽃과 나무를 심고 사계절 바라보네
客來莫笑生涯薄　　나그네 오거든 생활이 비천하다고 웃지 말게나
窓外新添竹數竿　　창밖엔 새로이 몇 그루의 대나무를 심었다네

湖上新正逢故人　　새해에 물가에서 친구를 만나보니
情深應不笑家貧　　정이 깊어 내 가난을 비웃질 않네
明朝別後門還掩　　내일 아침 이별하고 다시 문을 닫으면
脩竹千竿一病身　　긴 대나무 천 그루와 병든 나뿐이리

3　문화재청,「2010 전국 별서 명승자원 지정조사 보고서」, 2010.

98

이태는 기묘사화를 겪으면서 친구와 스승을 잃게 되고, 이후 복직하여 큰 뜻을 품었을 것이나 이 또한 권신의 방해로 파직되었다. 결국 그는 세상에 미련을 버리고 자연으로 귀의하려는 확고한 의지로 이러한 별서를 조영하였을 것이다. 그는 어려움을 겪을 때마다 이 월연대에서 학문을 연마하고 지인들과 시사時事를 논하고, 떠오르는 달을 보며 어렵고 힘든 자신의 인생을 위로하였을 것이다.

월연대를 통하여 그 당시 학자들이 지향했던 세계관과 경세관, 자연관을 고찰해볼 수 있을 것이다. '힐링healing'이라는 것이 유행처럼 퍼지는 현재의 우리에게 월연대라는 정자가 단순한 건축물이 아닌 달이 뜨길 기다리는 진정한 치유의 마음으로 다가오는 정자이길 바란다.

신치후
서울특별시 출생. 연세대학교 건축학(석사·박사) 졸업. 주요 연구 실적으로 「경북서원지(공저, 2007)」, 「한옥 공공건축물 발주절차 개선방안(2015)」등이 있음. 현재 건축도시공간연구소 공간문화연구본부에서 연구위원 및 국가한옥센터 센터장으로 재직 중.

10. 부석사浮石寺 안양루安養樓

맑고 깨끗함에 돌아가는 것을 잊었다瀟濾却忘還

이연노
공학박사

부석사 전경

平生未暇踏名區	평생에 여가 없어 이름난 곳 못 왔더니
白首今登安養樓	백발이 된 오늘에야 안양루에 올랐구나
江山似畵東南列	그림 같은 강산은 동남으로 벌려있고
天地如萍日夜浮	천지는 부평 같아 밤낮으로 떠 있구나
風塵萬事恖恖馬	지나간 모든 일이 말 타고 달려온 듯
宇宙一身泛泛鳧	우주 간에 내 한 몸이 오리마냥 헤엄치네
百年幾得看勝景	백 년 동안 몇 번이나 이런 경치 구경할까
歲月無情老丈夫	세월이 무정하다 나는 벌써 늙어 있네

부석사 안양루에 걸려있는 방랑시인 김삿갓(1807~1863)의 시다.

산간의 사찰은 대부분 누각을 갖추고 있다. 누각은 사찰 주불전 전면에 위치하는 것이 일반적이다. 조선의 사찰은 중앙에 마당을 갖춘 형식이 주를 이루는데, 이를 산지중정형山地中庭形 가람이라고 부른다. 북쪽에 남면하는 불전을 두고 마당 좌우에는 승당과 선당을 놓는다. 최종적으로 정면에는 누각을 두어 일정한 면적의 마당을 갖도록 한다. 이 건물들은 불교를 상징하는 삼보三寶에 대비된다. 주불전은 불佛에 해당하고, 승당과 선당은 승僧에, 누각은 법法에 해당한다. 누각은 일종의 강당 역할을 담당하고 있다.

순천 조계산 송광사에는 「송광사사적」이 전해지고 있다. 이 글은 1886년 당시 송광사를 구성했던 각 건물의 위치와 용도를 기록한 것이다. 이 중 누각에 관한 내용도 확인할 수 있는데 "사찰 좌측에는 중층에 7칸인 침계루沈溪樓가 있다. 위층에는 천 명의 사람이 앉을 수 있고, 아래층에는 몇 장丈의 깃발이라도 세울 수 있다. 각 절의 도회都會에서 대작불사大作佛事가 있을 때 법장法場으로 사용한다."라고 했다. 사찰에서는 수륙재, 영산재 등과 같이 많은 인원이 함께 모여 큰 법회를 치르는 경우가 많다. 이때 법회에 참석한 불자들을 모두 불전에 수용하는 것은 불가능하다. 그뿐만 아니라 불전은 제대로 의식을 치르기에는 협소하다. 이런 이유로 각 사찰에서는 큰 규모의 누각을 별도로 두었다.

불전 정면에 누각이 위치하다 보니 멀리서부터 사찰에 들어오는 사람들은 주불전의 모습을 완전히 인지하기 어렵다. 누각을 통과한 다음에라야 비로소 주불전의 모습을 확인할 수 있다. 사찰뿐만 아니라 조선 시대의 많은 건축이 이와 같은 진입 방식을 취하고 있다. 주전각을 외부에 노출시키지 않는다. 여러 켜로 닫힌 공간들을 통과한 다음, 건물의 마당에 진입했을 때 비로소 건물의 오롯한 모습을 인지할 수 있도록 만들었다.

사찰이 어떤 지형에 입지하는지에 따라 누각을 진입하는 방식에 차이를 둔다. 사찰이 경사진 산간에 있는 경우 사찰 전면에는 높다란 계단이 만들어진다. 계단 끝에는 누각을 두어 누각의 하부를 통과한 다음 사찰 마당에 진입하도록 한다. 이를 누하진입樓下進入이라고 한다. 원주 치악산에 있는 구룡사龜龍寺 보광루普光樓가 이 방식을 취하고 있다. 사찰이 평지에 있는 경우에는 누각의 하부를 통과하는 것보다 누각의 측면을 돌아 진입하는 방식을 선호했다. 이를 우각진입隅角進入이라고 한다. 홍천 공작산의 수타사壽陀寺 흥회루興懷樓가 우각진입을 하고 있다. 몇 해 전 수타사 흥회루의 진입 방식이 논란이 된 적 있다. 현재는 우각진입이지만 원래 누각을 통과해 마당에 진입했다는 주장이 제기됐다. 이 의견이 받아들여져 흥회루 중앙 칸의 마루를 털어내고 이

부석사 전경

곳을 통로로 사용한 일이 있었다. 하지만 이것은 오해에서 비롯된 것이었고, 다시 마루를 설치한 다음 통로를 막아 복구했다.

부석사는 다른 사찰과 다르게 산비탈에 자리 잡았다. 산비탈을 깎고 높은 축대를 쌓아 너른 대지를 조성했다. 그러다 보니 무량수전 정면의 안양루 역시 누하진입을 취하는 것이 자연스럽다. 1806년에 무량수전 등 다섯 개의 전각을 중수한 사실을 기록한 현판, 「태백산부석사무량수전급제각중수기太白山浮石寺無量壽殿及諸閣重修記」에 "676년에 의상 대사께서 구품九品 도량을 만들고 무량수전을 지었다."라고 했다. 구품은 『관무량수경』 정종분正宗分 중 2절 산선관散善觀에 등장하는 내용이다. 『관무량수경』은 『무량수경』, 『아미타경』과 함께 정토삼부경이라 부르는 경전으로, 아미타 신앙의 중심 경전이다. 산선관에서는 불교를 수행하는 자의 성취도에 따라 상배上輩, 중배中輩, 하배下輩

의 3배관三輩觀으로 구분한다. 각 배는 다시 상·중·하의 3품으로 나뉜다. 즉 불자의 수행 정도에 따라 총 9품으로 구분된다. 가장 낮은 등급이 하품하생下品下生이고, 가장 높은 등급이 상품상생上品上生이다. 상품상생의 수행자는 즉시 극락에 이른다고 했다. 구품 도량이라는 것은 전체 부석사의 배치를 9품에 대응하도록 조성했다는 것이다. 산비탈을 깎고 높은 축대를 쌓아 너른 대지를 8곳에 조성했다는 의미다. 사찰 밖 세상이 하품하생이고, 무량수전이 위치한 곳이 상품상생이다. 사찰에 불공드리러 오는 불자는 부석사 계단을 오르는 것만으로도 상품상생에 이르도록 만들었다. 사찰의 전각 배치에 적극적인 상징을 부여하고 있다. 의상 대사께서 부석사를 처음 지을 때부터 이것을 염두에 둔 것인지는 알 수 없다. 하지만 조선 시대에는 사찰이 구품 도량의 형상이라는 것을 명확히 인지하고 있었다.

상품중생에서 상품상생으로 올라가는 계단에 안양루가 위치했다. 안양은 정토淨土, 안락安樂, 극락極樂, 수하마제須訶摩提, Sukhāvati 등 여러 이름으로 불린다. 각각 청정한 땅, 한없이 즐거운 곳, 마음이 편안하고 즐거운 곳이라는 뜻이다. 안양루 정면 하층에는 안양문, 배면 상층에는 안양루라는 현판을 내걸었다. 상품상생의 경지로 올라가는 문의 이름으로, 상품상생에 위치한 누각의 명칭으로 가장 합당하다고 할 수 있다. 『무량수경』에 "안락국은 여기에서 서쪽으로 십만 억 불국토를 지난 곳에 있다."라고 했다. 안양에 머무르고 있는 부처는 아미타불阿彌陀佛, Amityus이다. 한없는 목숨을 갖고 있어 무량수불無量壽佛이라고도 부른다. 온갖 악행을 저질러 하품하생에 떨어진 중생이라 하더라도 임종 때 '나무아미타불'을 외치면 모든 죄가 소멸하고 극락정토에 태어난다고 했다. 무량수전, 극락전, 수마제전, 미타전 모두 아미타불을 봉안한 전각이다.

안양루 정면

안양루는 1578년에 만들어졌다. 사명당四溟堂(1544~1610)이 지은 「안양루중
창기安養樓重創記」에 따르면 원래 이곳에는 강운각羌雲閣이라는 건물이 있었다.
1555년 화재로 강운각이 소실된 후, 1576년부터 건물을 짓기 시작해서, 1578년
에 단청을 칠했다고 한다. 안양루라는 이름이 이때 새롭게 부여된 것을 알 수
있다. 사찰의 누각 중에서 멀리 경치를 바라볼 수 있도록 만든 경우는 흔치
않다. 안양루에 올라 바라다보면 먼 산의 능선들이 모두 발아래 펼쳐져 있다.
김삿갓이 100년간 다시 못 볼 절경이라고 칭송할 만큼 뛰어난 광경이다.

그런데 사찰의 동쪽은 산자락에 가려 있고 서쪽으로 크게 열려 있다. 안양
루에서도 동쪽은 산에 닫혀 보이지 않는다. 『관무량수경』정종분 중 1절은 정
선관定善觀이다. 여기에는 13관이 기술되어 있다. 앞서 2절 산선관의 3배관과

일몰

안양루에서 바라다 본 전경   석양이 비친 석등

합해서 이것을 『관무량수경』16관법이라 부른다. 산선관이 불교를 수행하는 사람의 성취도에 따른 구분이라면, 정선관은 아미타불을 친견하기 위해 차례로 수행해야 할 13가지 방법을 제시하고 있다. 수행의 첫 번째 단계는 일상관日想觀이다. 일상관은 수행을 시작하면서 서쪽을 향해 정좌한 다음, 낙일落日 즉 일몰日沒을 바라다보는 것이다. 『관무량수경』에는 "마음을 견고하게 멈추고 생각을 어지럽히지 않고 석양이 막 지려 할 때 공중에 북을 매달아 놓은 것과 같은 상태를 볼 수 있을 것이다. 그것을 보았으면 눈을 감고 떠도 모든 것이 명료해지는데 이를 일상이라 한다."라고 했다. 일상관 이후 수상관水想觀, 지상관地想觀, 보수관寶樹觀, 보지관寶池觀, 보루관寶樓觀 등 다른 관법을 수행해 최종적으로 아미타불을 친견하는 장면을 상상하는 잡상관雜想觀으로 마친다. 부석사의 일몰 장면은 다른 모든 경치를 압도하는 장관이다. 서쪽으로 해가 지면서 석양이 비쳐 무량수전, 석등, 안양루와 온 세상이 붉게 물드는 모습

을 볼 수 있다. 『관무량수경』의 13관법을 수행하는 데 있어 안양루만큼 적합한 장소는 찾기 어렵다. 안양루에서 바라다본 물은 극락의 물, 대지는 유리瑠璃로 만들어진 극락의 땅, 나무는 극락의 보수, 연못은 극락의 보지, 누각은 극락의 보루다. 사찰의 입지를 이곳으로 정하고, 사찰의 형상을 구품 도량으로 만들고, 멀리 조망할 수 있는 누각을 만든 까닭이 여기에 있다.

안양루는 누각치고 매우 작은 규모다. 사찰 누각의 본 역할인 법회 장소로서는 적합하지 않다. 사실 부석사에는 정식 누각이 있었다. 누각 명칭은 취원루聚遠樓였다. 『세종실록』 지리지에도 취원루가 등장한다. 이미 오래전부터 뛰어난 경치로 널리 이름난 누각이었다. 『순흥읍지』에 따르면 "금당 서쪽에는 취원루가 있다. 기단이 깎아지른 듯이 높아 십여 장丈이나 된다. 남쪽으로 여러 산이 눈 아래에 내려다보이는데 전개되는 지역은 300리 정도 볼 수 있다."라고 했다. 간송미술관에는 『교남명승첩』이 소장되어있다. 『교남명승첩』은 영남의 명승들을 그린 화첩이다. 이중 「부석사도」를 통해 취원루의 모습

『교남명승첩』의 「부석사도」 일부1

을 확인할 수 있다. 취원루는 무량수전 정면 서쪽에 있다. 즉 안양루 서쪽 축대 절벽 위에 그려진 건물이 취원루다. 현재 부석사에 오르다 보면 주전각인 무량수전을 멀리서부터 볼 수 있다. 하지만 취원루가 있다면 상황이 다

1 최완수, 『명찰순례 1』, 대원사, 1994

르다. 주전각인 무량수전의 완전한 모습은 취원루에 가려 보이지 않는다. 다른 사찰과 마찬가지로 온전한 무량수전의 모습은 안양문을 통과해 무량수전 마당에 도달한 다음에야 확인할 수 있었다.

안양루에 올라 바라다보는 장면, 무량수전 배흘림기둥에 기대어 바라다보는 장면도 장관이다. 하지만 취원루가 있었을 때는 누구나 취원루에 올라 눈앞의 절경을 감상했다. 불자들은 취원루에 올라 서쪽으로 해 지는 모습을 바라보며 아미타불을 친견했다. 조선 시대 유학자들도 사찰을 찾았다. 부처를 숭상해서가 아니다. 유서 깊은 사찰이 산간의 경치 좋은 곳에 있으니 당연히 한 번쯤 들러 절경을 보기 위함이었다. 사찰에 들러 눈앞의 경치를 칭송하는 시를 지었고, 유명한 유학자들이 지은 시는 현판으로 만들어져 누각에 걸렸다. 취원루에서도 많은 시편들이 만들어졌다. 취원루에 오른 유학자 중 가장 유명한 사람으로 신재愼齋 주세붕周世鵬(1495~1554)을 들 수 있다. 부석사 인근 풍기의 군수로 있던 신재는 부석사에 들러 유명한 시를 남겼다.

浮石千年寺	천년 세월 부석사에
半臨鶴背山	학가산의 절반이 들어오네
樓居雲雨上	누대는 비구름 위로 솟고
鐘動斗牛間	종소리는 북두 견우 사이를 울려 퍼지네
斫木分河迴	나무를 쪼개 물을 대고
開巖種玉開	바위를 갈라 옥을 심었네
非關眈佛宿	절에서 즐기려 머뭄이 아니라
瀟灑却忘還	맑고 깨끗함에 돌아감을 잊었네

퇴계退溪 이황李滉(1501~1570) 역시 부석사에 들러 몇 편의 시를 남겼다. 신재와 퇴계는 유학자들의 추앙을 받는 인물이다. 이후 많은 유학자가 아미타불을 보기 위해서가 아니라 신재와 퇴계의 발자취를 보기 위해 부석사에 들렀다. 취원루에 올라 신재의 시를 차운次韻하거나 퇴계의 시를 차운했다.

이들의 시는 또다시 현판으로 만들어져 취원루에 걸렸다. 취원루가 언제, 어떤 이유로 사라졌는지 알려진 바가 없다. 김삿갓의 시 제목이 취원루가 아닌 안양루인 것으로 판단하건대, 19세기 중반에는 이미 없어진 것으로 추정된다.

이연노

전라북도 전주 출생. 고려대학교 건축공학과
(석사·박사) 졸업. 공저로 『영건의궤』 외 다수.
현재 한양대학교와 서강대학교에 출강 중.

11. 병산서원 만대루晚對樓

푸른 병풍 같은 산
늦도록 마주할 만하고

정정남
경기대학교 건축학과 연구교수

권태시, 만대루에 올라 시를 짓다

어느 봄날.

권태시權泰時(1635~1719)는 친구들과 함께 선현의 유적을 돌아볼 생각으로 병산서원을 찾았다. 진보眞寶(현재 경상북도 청송군 진보면 일대)에서 이른 새벽에 출발했지만 100리가 넘는 길이라 서원 어귀에 도착했을 즈음에는 어느새 날이 저물어 있었다. 강변길을 더듬어 절벽이 우뚝 솟은 곳에 이르자, 처마가 높이 솟아 하늘과 어우러진 누각이 보이기 시작했다. 풍광 좋기로 소문이 자자

한 병산서원의 만대루晩對樓였다.

서원의 정문인 복례문復禮門을 지나 만대루 아래를 거쳐 마당으로 들어서니, 정료대에 밝혀 놓은 불빛으로 입교당立敎堂이 은은히 빛나고 있었다. 때가 늦기는 했지만 서원을 찾았으니 선현께 예를 갖추는 것은 당연히 할 일. 권태시와 그의 친구들은 강당 뒤편 언덕의 존덕사尊德祠로 가서 서애西厓 류성룡柳成龍(1542~1607) 선생의 위패에 절을 했다.

예를 마치고 사당 문을 나서는데 갑자기 한 줄기 바람이 불어와 얼굴에 스쳤다. 청량감이 묻어 있는 것을 보니 담장을 둘러싸고 있는 대나무 숲에서 불어온 바람임에 틀림이 없다. 그사이 날은 더욱 어두워져 사방이 고요하기까지 했다. 하룻밤 묵어갈 계획으로 서재西齋의 방 한 칸을 빌리고는 서원 관리자인 고직庫直에게 만대루에 저녁상을 차려 달라 부탁했다. 물론 술도 곁들여서. 고단해서인가 반주飯酒로 곁들인 술 몇 잔에 온몸이 달아오르고 얼굴이 뜨거워지기 시작했다.

이때 갑자기 바람이 일어 권태시의 얼굴에 차갑게 스쳤다. 퍼뜩 정신 차려 만대루 건너편 절벽을 바라보니, 허공 중에도 바람이 불었는지 병산屛山 위에 갇혀 있던 달이 구름을 헤치고 나와 창창히 빛나고 있었다. 절벽 아래 강물이 달빛을 받아 반짝거리자, 물속에 잠긴 병산의 짙푸른 그림자도 따라 일렁거렸다. 멍하니 그 풍경을 지켜보던 권태시는 마음이 동했는지 지필묵을 꺼내서 다음과 같은 시를 지었다.

武夷亭中額	무이武夷의 정자 편액
屏山樓上光	병산屏山의 누대 위에서 빛나니
俯仰成今古	굽어보고 우러러보면 세월은 흘렀어도
惟有月蒼蒼	달은 여전히 빛나는 것과 같구나

天淵臺下流	천연대天淵臺 아래의 물길은
悠悠至晚對	유유히 만대루晚對樓에 이르고
上有壁千層	위쪽의 높은 절벽은
倒影涵蒼翠	기울어져 검푸른 그림자로 잠기네

高樓出重霄	누각 높이 솟아 하늘에 겹치니
詎敢媚幽獨	어찌 홀로 그윽이 아름답다 할 것인가
良友共徘徊	좋은 벗들과 함께 이리저리 다녀보니
川迴山更矗	물 굽은 곳에 산이 다시 우뚝 솟아있네

俎豆千年地	오래도록 제사 지낼 땅은
依然竹樹間	대나무 숲 사이에 전과 다름없고
肅穆庭宇靜	경건한 정우庭宇는 고요한데
淸飆拂面寒	바람이 갑자기 일어 얼굴에 차갑게 스치네

醉興因霽月	구름 헤치고 나온 달에 취기가 일고
詩情爲光風	맑은 바람과 밝은 달에 시심詩心이 생기니
永懷愁不歇	오래도록 회포가 그치지 않아
嗒然對春空	망연히 봄 하늘만 마주 대하고 있네

병산서원 사당을 나오면 보이는 만대루의 처마와 병산절벽

천연대 아래의 물길은 유유히 만대루에 이르고

권태시는 17~18세기 초에 경상북도 청송 인근 지역에 살던 양반이다. 관직에는 뜻을 두지 않아 과거시험을 보지는 않았지만, 예학禮學 연구에는 심취해 있었다. 그가 열심히 파고든 예학의 범주는 집에서 지켜야 하는 관혼상제冠婚喪祭에 관한 예절로, 성리학을 완성한 송나라의 주자朱子(1130~1200)에 의해 체계화된 것이었다. 조선은 건국 초기부터 국가를 다스리는 중요한 덕목으로, 주자의 가례를 받아들였다. 그런데 주자가례는 중국 실정에 맞게 정리된 것이어서 관혼상제례를 행하는 공간이 조선의 상황과 맞지 않는 부분이 많았다. 이 때문에 조선의 성리학자들은 가례를 연구하지 않을 수 없었다.

영남 지역에서 일찍부터 성리학과 주자가례를 연구하여 경지에 오른 사람으로는 퇴계 이황이 있다. 권태시가 태어나기 이전, 안동 인근 지역의 많은 유학자는 퇴계 선생을 찾아 성리학을 배우고 가례에 관해서 답을 구했었다. 병산서원에 배향된 류성룡도 퇴계 선생으로부터 학문을 구하던 제자 중 한 사람으로, 권태시가 "천연대天淵臺 아래의 물길은 유유히 만대루晩對樓에 이르고" 라는 구절을 넣은 것도 그 때문이다.

천연대는 퇴계 선생이 말년에 낙동강 상류 언덕 위에 공부를 위한 작은 서당을 짓고 그 동쪽 언덕에 붙인 명칭이다. 퇴계 선생이 세상을 떠나자 제자들이 선생의 학풍을 이어가려고 서당 근처에 선생의 위패를 모시는 사당을 짓고 강당과 도서관을 세워 서원을 이루었는데 그곳이 도산서원이다. 권태시는 "천연대 아래의 물길은 유유히 만대루에 이르고" 라는 시 구절을 통해 낙동강 물줄기가 도산으로부터 병산에 이어지는 것처럼 퇴계 선생의 학풍이 병산서원의 유생들에게도 이어지고 있다는 것을 표현하고 싶었던 것 같다.

천연대에서 바라본 도산서당과 서원의 모습

주자를 통해 두보를 오마주하다

조선의 유학자들은 대부분 성리학을 완성한 주자의 삶을 모범으로 삼았다. 주자의 행장行狀(인물의 일대기를 적은 기록)을 보면 젊은 시절에는 관직에 나가 나라를 위해 일하면서도 집안일에는 소홀하지 않았고, 나이가 들어 은퇴한 후에는 무이산武夷山(중국 복건성에 위치)에 들어가 경관이 좋은 곳에 이름을 붙이고, 그 경치를 즐길 수 있는 정자亭子를 지어 한가로이 산 것으로 기록되어 있다. 권태시가 지은 시에 등장하는 만대정晩對亭은 주자가 건립한 많은 정자 중의 하나다. 주자가례를 오래도록 연구한 권태시도 주자의 행장을 읽었기 때문에 만대루의 이름이 만대정을 오마주Hommage한 것이라는 사실을 알고 있었을 것이다.

그런데 주자가 지은 정자의 이름, 만대정도 시성詩聖이라 불리는 당나라의 시인, 두보杜甫(712~770)의 시를 오마주한 것이다. 두보는 뛰어난 문장력으로 사회상을 반영한 시를 쓴 것으로 유명하다. 글을 쓰는 것은 뛰어났지만 관직 운이 별로 없었던 두보는 나이가 들어 지인의 추천으로 겨우 관직에 나갔으나 바로 안녹산의 난이 발생하여 지방으로 전전하는 삶을 살았다. 두보의 많은 시는 유랑하는 삶 속에서 탄생했다. 그의 시 중에 가장 많은 430여 수가 기주夔州(현재 쓰촨성의 지방)에서 지낸 2년 동안 지어졌는데, 만대晩對라는 이름도 이때 지어진 「백제성루白帝城樓」에 등장한다.

江度寒山閣	강은 겨울 산 누각 옆을 지나고
城高絕塞樓	성은 높아 변방의 보루에 우뚝하다
翠屏宜晚對	푸른 병풍 같은 산 늦도록 마주할 만하고
白谷會深遊	하얀 계곡은 모여 오래 놀기 좋아라
急急能鳴雁	급하게 울음 우는 기러기
輕輕不下鷗	가볍게 내려오지 않는 갈매기
彝陵春色起	이릉에는 봄빛이 시작되었으니
漸擬放扁舟	차차 작은 배나 띄어볼까

"취병의만대翠屏宜晚對(푸른 병풍 같은 산 늦도록 마주할 만하고)"라는 구절의 감상은 기주의 백제 성루에 올라야만 알 수 있을 것 같다. 현재 기주의 백제성루는 두보의 시로 인해 관광지로 개발되었다고 하니 누구든 만대루의 원류를 알고 싶으면 기주 여행을 해보는 것도 좋을 것 같다.

"무이武夷의 정자 편액, 병산屏山의 누대 위에서 빛나니"라는 구절은 주자가 완성한 성리학이 병산서원에서도 빛을 발한다는 의미로 쓴 것이 분명하다. 그러나 권태시도 오래도록 관직에 나가지 못하다가 지인의 추천으로 오십 세가 다 되는 나이에 관직에 나가게 된 것을 보면, 주자를 통해 두보의 삶을 오마주한 것은 아닌가 싶다.

정경세, 만대루의 이름을 짓다

그렇다면 병산서원을 상징하는 누각, 만대루의 이름은 누가 지은 것일까?

병산서원은 풍산현에 위치한 풍악서당에서부터 그 역사가 시작된다. 풍산현 치소治所(고을을 다스리는 관아가 있는 곳) 길가에 위치한 풍악서당은 공부하는 곳으로 적절치 않으니, 경치가 뛰어나고 사람의 왕래가 적은 곳으로 옮기자고 권유한 사람이 류성룡이었다. 고을 사람들은 그 뜻을 받아들여 선조 5년 (1572)에 현재 위치로 서당을 옮겼다. 서당이 서원의 성격을 갖게 된 것은 임진 왜란 이후다. 1610년, 왜란으로 불타버린 건물들을 복구하면서 사당을 세우고 류성룡의 위패를 모시면서 병산서원으로 이름하기 시작했다.

이때 만대루도 같이 건립되었는데 누각의 이름을 지은 사람은 정경세鄭經世(1563~1633)라고 한다. 정경세는 류성룡의 문인으로 퇴계 선생의 학통을 계승한 유학자다. 그 누구보다 주자를 흠모하고 존경하여 주자학을 깊이 파고들었던 그가 서원의 얼굴이 되는 누대의 이름을 만대루라고 지었다.

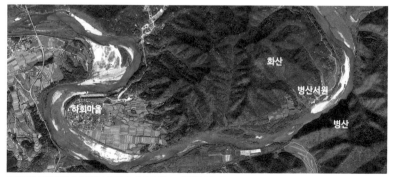

하회마을 동쪽의 병산서원과 낙동강을 사이에 두고 마주한 병산 ⓒ Daum

서원 앞쪽에 우뚝 솟아 있는 절벽은 병풍이 둘러쳐진 것 같다. 또 절벽은 서원의 남동쪽에 위치하여 오전보다는 오후에 빛이 닿을 때가 되어야 풍경이 더 볼만하다. 이와 같은 풍광을 잘 살핀 정경세는 그가 흠모하던 주자의 만대 정으로 부터 그 이름을 빌려와 누대에 붙인 것이다.

권위적이지만 낭만적인

현대의 많은 사람이 조선 시대 최고의 건물을 꼽으라면 병산서원의 만대 루를 말한다. 만대루는 건물 자체만 보면 전국 어디에서나 볼 수 있을 법한 건 물이다. 주변에서 얻을 수 있는 소나무로 정면 7칸에 측면 2칸의 2층 건물을 세우고 기와로 팔작지붕을 얹었다. 창도 문도 달지 않고, 사방을 탁 트이게 했 을 뿐이다.

입교당에서 내려다본 만대루

조선 시대에 좌우로 긴 누각은 관아, 향교, 서원, 재사, 사찰 등의 권위를 나타내기 위해 입구에 종종 세우던 건물이다. 길고 높은 누각은 외부에서 내부가 보이지 않도록 시선을 차단할 뿐만 아니라, 2층의 넓은 공간은 많은 사람이 회합을 하거나 주변 풍경을 즐기는 곳으로 사용할 수 있다는 장점이 있다. 만대루도 이와 같은 의도로 건립된 누각임에 틀림이 없다. 수도 없이 많은 누각 건물이 같은 이유로 건립되었다.

그렇다면 왜 만대루가 유독 사람들에게 인상적일까?

권태시의 시와 병산서원의 역사를 통해 어렴풋이 그 답을 알 수 있을 것 같다. 병산서원은 소란스러운 세상에서 벗어난, 경치가 뛰어난 곳에 자리하고 있다. 비와 눈에 젖지 않도록 지붕만 올리고 창도 문도 달지 않고 널찍한 바닥만 두었으니, 사방의 경치가 흘러들어오기도 하고 흘러나가기도 한다. 이런 곳에 앉으면 속세의 생각은 저절로 사라질 수밖에 없을 것이다. 거기에 누군가 누각의 이름에 담긴 역사와 학문, 그리고 인물에 대한 존경을 이야기해 준다면, 어떤 화려한 장식이 있는 건물보다도 더욱 매력적으로 느끼게 될 것이다.

정정남
강원도 영월 출생. 경기대학교 건축공학과(석사·박사) 졸업. 공저로 『일기를 통해 본 양반들의 일상세계』 외 다수. 현재 경기대학교 건축학과 연구교수로 재직 중.

닫는 글

남편이 떠나간 연구실을 정리하며 망연자실했습니다. 컴퓨터 앞에 잔뜩 붙어있는 포스트잇에는 연구 중인 주제들이 여기저기 붙어있었습니다. 연구실에서 살다시피 하며 연구에 몰두하던 사람인데, 이 사람이 쓰다 만 논문을 이어서 쓸 수도 없고, 이제 묻혀버리겠구나…. 제 마음이 무너졌습니다. 그즈음 월간 『태백』의 편집장님이 전화를 주셨습니다. 김 교수가 월간 『태백』에 연재하고 있던 정자 기행(「한국의 누정」)을 중단하지 말고 저를 포함하여 지인들이 몇 편을 더 써서 책을 내보자는 의견이었습니다. 얼마나 감사하던지요. 또 우연히 만나 뵙게 된 월간 『태백』 김현식 발행인도 마음속 깊은 위로를 건네주면서, 그를 위해서 책을 내자고 말씀해주셨습니다. 감사하고 또 감사합니다.

지인들은 흔쾌히 원고를 써주셨습니다. 처음 인연을 맺어주고 지금까지 시누이와 친언니 역할을 해주시는 이경미 역사건축기술연구소 소장님, 남편과 오랫동안 연구를 같이 해오고 무슨 일이든 달려와서 도와주는 정정남 교수님, 남편의 연구 동지이자 후배인 이연노 박사님, 남편의 열혈동생을 자처하며 끝까지 형을 위해 자리를 지켜주었던 신치후 국가한옥센터 센터장님. 이분들 모두에게 어떻게 감사의 인사를 전해야할지 모르겠습니다.

남편의 월간 『태백』 원고 집필은 저에게도 남다른 의미가 있습니다. 우리는 학창시절에 전국의 사찰과 집들을 답사하며 같이 보고 같이 공부했습니다. 각자의 길로 사회생활을 시작하면서 동행하는 답사는 오랫동안 잊고 있던 일이었습니다. 그러다가 남편이 월간 『태백』에 원고를 집필해야 하니 "좋은 정자들을 함께 보러 다니자."라고 제게 말을 건넸습니다. "이제 전처럼 함께, 즐겁게 다시 답사를 다니자."라고 약속을 했습니다. 그게 딱 한 번이 되고 말았습니다.

　저와 더불어 그를 보내고 안타까워하는 지인들이 마음을 모아서 썼습니다. 이 책을 통해서 그를 새롭게 알게 되는 분들이 그가 얼마나 우리네 집을 사랑하는 사람이었는지 기억 할 수 있게 되기를 바랍니다.

　다시 한 번 월간 『태백』과 달아실출판사 관계자분들께 감사드립니다.

2018년 가을
김도경의 처 신지용 씀

김도경 연보

1967~2016

1967년

· 음력 3월 12일 대전에서 아버지 김홍수, 어머니 손선옥의 5녀 1남 중 다섯째
  로 출생

1985년

· 대전 동산고교 졸업, 고려대 공과대학 건축공학과 입학

1987년

· 대한건축사협회에서 주최한 건축설계공모전에 가작 입상

1989년

· 고려대 대학원 건축공학과 건축계획학과 석사과정 입학

1991년

· 「朝鮮時代 營造儀軌의 栱包用語에 관한 研究」 석사학위 논문 발표

1993년

- 고려대 대학원 건축공학과 건축계획학 공학석사학위 취득·박사과정 입학
- 1월부터 3월까지 景福宮 慶會樓 실측조사 참여
- 12월부터 1994년 3월까지 '양동민속마을 정비계획조사' 참여(경주군, 『양동민속마을 정비계획조사보고서』, 1994)

1994년

- 학술진흥재단에서 신진연구인력 연구장려금 수여
- 「華城城役儀軌를 통한 栱包部材의 用語에 관한 研究」게재(『대한건축학회 논문집』제10권 1호)
- 「朝鮮時代 營造儀軌의 栱包部材 用語에 關한 研究」게재(『대한건축학회 논문집』제10권 7호)
- 『建築士』에 「營造法式 大木作制度 註解」(1)~(8)을 연재
- 7월 12일부터 7월 23일까지 중국 北京, 河北, 山西 및 吉林省 건축 답사

1995년

- 3월, 처 신지용과 결혼
- 「高麗時代 觀經變相圖의 殿閣圖에 관한 研究」게재(『대한건축학회 논문집』제11권 4호)
- 월간 『건축세계』에 「한옥의 장식과 무늬」를 게재
- 11월부터 1996년 5월까지 충남 연기 비암사 정비공사의 현장기사로 참여
- 7월과 8월 중국 新疆省과 중국 北京, 河北, 山西, 河南省을 두 차례 답사

1996년

- 5월, 아들 덕중 출생
- 「中國建築의 北方系 要素에 관한 시각」을 한국건축역사학회 춘계학술발표대회에서 발표
- 월간 『건축세계』에 1월부터 1997년 6월까지 沈大燮과 「한국전통건축상세」를 연재
- 『建築士』에 7월부터 1997년 5월까지 中國古建築紀行에 대해 연재
- 경원전문대, 원광대에서 강의
- 1월에 중인도 및 서북인도로 제1차 인도 건축 답사, 7월 네팔과 티베트 건축 답사
- 문화재수리기술자 자격 취득(보수 제466호)

1997년

- 12월, 딸 선중 출생
- 「韓國古代佛殿의 기둥배치에 관한 硏究」 게재(『博物館誌』 제6호, 충청전문대박물관)
- 2월 『Morning Calm』 통권 21호(대한항공)에 大同雲崗石窟에 대한 글 게재
- 봄에 『한국의 門 '合'』(기린산업)에 글을 실음
- 『建築』 제41권에 「인도 카주라호의 힌두사원」 게재
- 고려대 산정대학원, 서울산업대, 목원대, 충청전문대, 남서울산업대에서 강의
- 3월부터 2000년 1월까지 건설산업교육원에서 강의
- 동북인도로 제2차 인도 건축 답사

1998년

- 「新石器時代 움집의 構造와 變遷에 관한 研究」 게재(『대한건축학회논문집 계획계』 제14권 10호)
- 고려대, 서울산업대에서 강의
- 충남 서산시 해미면 미륵사 창건공사의 현장소장으로 근무

1999년

- 「靑銅器時代 움집의 平面과 構造에 關한 研究」 게재(『대한건축학회논문집 계획계』 통권 128호)
- 고려대, 서울산업대에서 강의
- 인천광역시 강화군 용진진 육축 및 문루 복원공사의 현장소장으로 근무
- 1999년부터 2003년까지 경기도 건축문화유산 조사사업 참여, 지정문화재·전통사찰 조사 및 원고작성
- 남인도로 제3차 인도 건축 답사

2000년

- 12월, 아버지 김홍수 옹 별세
- 고려대 대학원 건축공학과 건축계획학 공학박사학위 취득/ 박사학위논문으로 「韓國 古代木造建築의 形成過程에 關한 研究」 발표
- 「한국 고대 목조건축의 형성과정에 관한 연구」 게재(『동악미술사학』 창간호)
- 고려대 건축공학과, 한남대, 서울산업대, 우송산업대에서 강의
- 인천광역시 강화군 불은면 한옥 '學思齋' 신축공사의 현장소장으로 근무

- 이집트 건축 답사

2001년

- 신영훈, 이상해와 『우리 건축 100년』(현암사)을 발간
- 『DACOM TODAY』 Vol.10 No.4(4th Quarter, 2001, Seoul;DACOM Corporation)에 「Hanok, Korean Traditional Architecture—In Harmony with Nature」를 게재
- 경기대 건축전문대학원, 고려대 공학대학원, 서울산업대, 상명대 대학원, 아주대, 목원대에서 강의
- 한국학술진흥재단 연구사업으로 '요사채의 가구결구체계와 공간 특성의 변화에 관한 연구'에 공동연구원으로 참여
- 인천광역시 강화군 불은면 한옥 '學思齋' 신축공사의 현장소장으로 근무
- 중국 上海, 杭州, 蘇州 건축, 일본 건축 답사

2002년

- 「雲岡石窟에 표현된 北魏建築에 관한 연구」 게재(『동악미술사학 와본 김동현 박사 정년기념논총』 제3호)
- 『열린세계』 2002년 11·12월호(SK Telecom)에 「남인도 최대 힌두교 성지 미나크시 사원 건축의 비밀」을 게재
- 『세병관실측조사보고서』(문화재청) 제출
- 한국학술진흥재단 연구사업인 '북중국의 주거문화—몽고에서 연변까지의 중국 북방거주환경의 건축, 주생활, 민속학적 특성 연구' 공동연구원으로 참여

· 2002년부터 2004년까지 한국학술진흥재단 연구사업인 '중국 남동, 동북지역
  의 거주문화' 공동연구원으로 참여
· 고려대 공학대학원, 서울산업대, 목원대 산정대학원, 국민대 테크노디자인대학
  원, 한남대, 배재대, 호서대에서 강의
· 일본 건축, 중국 雲南省 건축 답사

2003년

· 「조선후기 사찰 요사공간 특성과 변화에 관한 연구」 게재(『대한건축학회논문집
  계획계』 제19권 1호)
· 「雙楹塚에 묘사된 木造建築의 構造에 關한 硏究」 게재(『대한건축학회논문집
  계획계』 제19권 2호)
· 「鳳停寺 極樂殿의 平面과 架構 계획에 관한 硏究」 게재(『대한건축학회논문
  집 계획계』 제19권 5호)
· 「集安 東臺子遺蹟의 建築的 特性에 관한 硏究」 게재(『대한건축학회논문집
  계획계』 제19권 9호)
· 월간 『건축인 Poar』 제84호에 「인도의 건축문화를 찾아서 1~5」를 게재
· 경기문화재단의 『경기도 건축문화유산』(전5권)을 발간
· 고려대 공학대학원, 서울산업대 건축설계학과 및 대학원, 상명대 대학원, 대진
  대, 목원대 건축학부 및 대학원, 동국대 대학원에서 강의, 한남대 겸임교수
· 부여군 '송국리선사취락지 종합정비기본계획'에 참여
· 진천 보탑사 삼층목탑 현장감독
· 일본 건축 답사

2004년

- 「일본 법륭사 건축의 고구려적 성격에 관한 초탐」 게재(『전통문화논총』 제2호, 한국전통문화학교)
- 「皇龍寺 木塔 小考」를 『文化財技能의 脈』 제4호(한국문화재기능인협회)에 게재
- 「한옥에 담긴 지혜—자연과의 조화」를 『디지털 포스트』 통권 제541호(우정사업본부)에 게재
- 『한옥살림집을 짓다』(현암사)를 발간
- 김도경 외 7인, 『한국 문화와 주변 문화』(서경문화사)를 발간
- 2006년까지 한국과학재단 특정기초연구사업인 '조선시대 영건의궤 분석을 통한 한국건축의 기술사적 연구'에 공동연구원으로 참여
- 2004년부터 2016년 10월까지 문화재청 시행 문화재수리기술자 시험 출제위원 역임
- 한국과학기술단체총연합회의 제14회 과학기술우수논문상을 수상
- 중국 복건성 및 절강성, 일본 건축 답사

2005년

- 고려대에서 석탑강의상을 수상
- 「SAKIA 탐방기—옛 건축의 의미를 찾아서」를 『건축가』 통권 202호에 게재
- 「考古遺物로 본 先史時代 建築道具」를 『건축역사연구』 14권 2호에 게재
- 「전통건축조사보고—세병관 실측조사보고서」를 『건축역사연구』 14권 3호에 게재

- 「서평—한국현대건축의 유전자」를 『건축』 제49권 제3호에 게재
- 「전통건축연구회-陝西省 西安·韓城 답사 보고」를 『건축역사연구』 14권 3호 에 게재
- 홍성군 『홍주성(여하정 및 연못) 보수정비공사보고서』 제출
- 조계종총무원 전통사찰조사 사업·대한불교조계종 전통불교문화지원센터 건립 준비에 따른 학술용역의 책임연구원 역임
- 부여군, '부여 송국리 선사취락지 종합정비기본계획(변경)'에 참여
- 2005년부터 2016년 10월까지 서울특별시 문화재위원회 전문위원 역임
- 2006년 4월까지 김옥균생가 복원계획(공주시)에 책임연구원으로 참여
- 2006년 5월까지 행정중심복합도시 건설사업 예정지구 문화유산지표조사용역 (건축분야)에 연구원으로 참여
- 2007년 12월 31일까지 (사)한국건축역사학회 이사 역임
- 캄보디아 앙코르 유적, 서안 및 한성 일대의 중국 건축, 일본 건축 답사

2006년

- 국립 강원대 공과대학 건축학부 조교수 부임
- 고려대에서 석탑강의상 수상
- 대한불교조계종 한국불교문화사업단 건축팀장
- 「한국 고대 전각의 평면과 그 구성에 관한 연구」를 한국건축역사학회 추계학술 발표대회에서 발표
- 「한국 고대 불전의 평면유형과 그 특성에 관한 연구」를 제8회 불교미술사학회 추계학술대회에서 발표

· 「전통목조건축의 결구법과 그 활용 가능성」을 발표
· "The natural environment control system of Korean traditional architecture: Comparison with Korean contemporary architecture" 게재(Building and Environment 41, Elsevier)
· 문화재청의 영조규범 조사보고서를 공동작업
· 목원대 건축학부·한국토지공사의 「행정중심복합도시 건설예정지역 내 문화유산 지표조사─고건축분야」에 참여

2007년

· 『삶과 꿈, 자연에 담다』(보림출판사)를 발간
· 경기문화재단의 김도경 외 『화성성역의궤 건축용어집』을 발간
· 「조선후기 관찬문서의 목조건축 표현방법 연구」를 한국건축역사학회 춘계학술발표대회에서 발표
· 부안군의 『개암사 대웅보전 수리·실측조사보고서』를 발간
· 2008년 3월 21일까지 문화재청 발주 문화재지킴이 활동 매뉴얼 지침 개발 연구용역의 책임연구원
· 2009년 2월 13일까지 원주지방환경청 사전환경성검토 및 환경영향평가 자문위원회 위원 역임
· 강원대학교 지지헌 설계

2008년

· 한국건축가협회에서 공로상 수상

- 「건축설계 측면에서 본 수덕사 대웅전의 평면과 가구 특성에 관한 연구」 게재 (『건축역사연구』 17권 4호)
- 『2008년도 비지정 건조물문화재 조사보고서』를 발간
- 「한옥 설계와 시공의 기법과 적용」을 한국건축역사학회 2008년 10월 학술발표회에서 발표
- 문화재청의 2008년도 비지정 건조물문화재 조사 용역의 연구원
- 사천 일대 중국 건축 답사

2009년

- 12월, 어머니 손선옥 여사 별세
- 2010년까지 국립문화재연구소의 연구원으로 '고대 가람배치 연구'에 참여
- 2016년까지 강원도문화재위원회 제3분과 및 제5분과 문화재전문위원 역임
- 2016년까지 (주)한옥과 문화 고문
- 『덕수궁 함녕전행각 복원공사보고서』를 발간

2010년

- 강원대 건축학과 부교수 승진
- 한국문화재수리기술자협회에서 표창패 수상
- 2016년까지 홍천군건축위원회 위원
- 2016년까지 (사)한국문화재수리기술자협회 이사
- 2016년까지 (사)대한건축학회 역사위원회 한옥분과위원회 위원장
- 건설교통기술연구개발사업 한옥기술개발(국토해양부)에서 공동연구책임자

- 수변도시비전공모(국가건축정책위원회 주최, 국토해양부 주관)에 공동당선/ 작품명 「Urban Flow」
- 「한국건축 초석의 유형과 변천에 관한 연구」 게재(『대한건축학회연합논문집』 제12권 2호)
- 「한옥 軸部 시공법 개선 연구」 게재(『한국산학기술학회논문지』 제11권 7호)
- 「건축과 도시공간의 연속성과 확장 기법 연구」 게재(『청운대학교 건설환경연구소 논문집』 제5권 1호)
- 한옥정책토론회―한옥 보존 정책의 현황과 향후 발전 방향(주최 국회의원 김진애)에서 「한옥 보존과 발전 정책의 현황과 발전 방향」을 발표
- '2010년 제2차 한국현대한옥학회 학술세미나'에서 「오늘날의 한옥」을 발표
- 강원대 송백정 설계
- 유성 근린생활시설 설계
- 터키 및 그리스 답사

2011년

- 『지혜로 지은 집, 한국건축』(현암사)을 발간
- 『사찰의 앞마당과 뒷마당』(대한불교진흥원)을 발간
- 산요수 한옥단지 기본설계

2012년

- 「지역적 전통에 기반을 둔 강원도 산간형 현대한옥 계획 연구」 게재(『한국산학기술학회논문지』 제13권 6호)

- 『auri M』 1호(건축도시공간연구소)에 「한옥 생산 과정에서 대목의 역할」 게재
- 건축도시공간연구소 국가한옥센터 제1차 한옥포럼 '한옥, 미래 건축의 대안일 수 있는가?'에서 '생활공간으로서 한옥의 가능성'으로 발표
- 2016년까지 국토교통부주최 대학생 한옥설계캠프 주임교수
- 용인 덕양재 기본설계 및 지유指諭
- 은평한옥박물관 정자 기본설계
- 춘천 퇴계동 춘천박씨 사당 설계
- 프랑스 파리 고암서방 수리 자문 및 파리 건축 답사
- 특허 제 10—1166894호 한옥용조립보 특허 등록
- 특허 제 10—1160203 한옥용축부 구조 특허 등록
- 제 C—2012—005832호 강원도 산간형 현대한옥 설계모형
- 제 C—2012—005831호 강원도 산간형 현대한옥 설계 도면

2013년

- 7월부터 2014년 7월까지 하와이대학 한국학연구원 연구교수
- 「이용실태 분석을 통한 지역건축문화재의 보존 및 활용방안에 관한 기초연구 : 춘천시 '청평사'의 사례를 중심으로」 게재(『대한건축학회연합논문집』 제15권 1호, 공저)
- 『문화재사랑』(문화재청)에 「유교적 격식과 지역적 특성을 결합한 독특한 집, 동해 김형기가옥」 게재
- 춘천 사북면 고탄리 주택설계
- 용인 개인 주택 기본설계

2014년

· 「수치분석을 통한 부석사 무량수전의 평면과 단면 특성에 관한 연구」 게재(『대한건축학회논문집 계획계』 제30권 5호)
· 「독락당과 계정의 원형과 변화과정 연구」 게재(『건축역사연구』 제23권 5호)

2015년

· 강원대 교수 승진으로 정년을 보장받음
· 2016년 6월까지 강원대 대외협력본부장 부임
· 강원지역대학교 대외협력처 본부장 초대협의회장 부임
· 대한건축학회 특별상 수상(남파상)
· 「도시형 한옥의 리모델링을 통한 공공건축물 활용가능성 연구 : 혜화동 주민센터를 중심으로」 게재(『대한건축학회논문집 계획계』 제31권 10호, 공저)
· 『문화재사랑』(문화재청)에 「집의 상징, 대문」 게재
· 『보보담』(LS네트웍스)에 「감성적인 불교 건축과 이성적인 유교 건축」 게재

2016년

· 월간 『태백』에 「한국의 누정」을 연재
· 『건축』지(대한건축학회)에 「한옥 정책이 나아가야 할 방향」 게재
· 10월 11일, 갑작스럽게 세상을 떠남

삶과 꿈, 누정에 담다

— 김도경 교수가 읽어 주는 우리 건축

1판 1쇄 인쇄	2018년 10월 1일
1판 1쇄 발행	2018년 10월 11일
지은이	김도경
발행인	윤미소
발행처	(주)달아실출판사
책임편집	박제영
편 집	함혜인
디자인	안수연
마케팅	배상휘
주소	강원도 춘천시 춘천로 17번길 37, 1층
전화	033-241-7661
팩스	033-241-7662
이메일	dalasilmoongo@naver.com
출판등록	2016년 12월 30일 제494호

ⓒ 김도경, 2018

ISBN   979-11-88710-22-5   03610